十力
文化

十力文化

十力
文化

十力文化

圖解 開運心理學

職場、愛情小撇步

An Illustrated Guide to
Study of Psychology
Dr. Ueki Rie

慶應義塾大學講師
植木理惠——著
孫曉君、林倩伃——譯

前言

日常生活中，隨時都適用的心理學

你是否有過人際關係或感情相關的困擾？

在面臨這些問題時，是否曾想過「如果知道對方在想什麼就好了？」或者是在心情鬱悶、毫無幹勁的時候，甚至是因為在眾人面前無法隨心所欲表達自己的想法時，而感到著急、焦躁呢？

學習心理學，雖然無法百分之百掌握他人的心思，但能夠從他人的言行舉止瞭解其想法，也能站在更客觀的角度檢視自己的內心，維持平常心。

學習心理學除了可以讓溝通變得更圓融，也能控制自我心態，甚至幫助我們獲得許多讓生活更豐富的智慧。

一直以來，我都在思考是否能夠將一些心理學知識統整、推出一本有益日常生活的書籍。因此，本書較著重在不同場合可以運用的心理學技巧之說明，並不傾向以體系方式介紹心理學理論。

第1至4章說明適用於商務場合的心理技巧，第5至7章則是幫助戀愛運的小知識，至於第8至10章是介紹各種自我控制與心理問題相關的機制。

如果本書所介紹的心理學相關知識，能夠幫助各位讀者在職場或是私領域的生活變得更有趣、更豐富，我就感到相當榮幸。

植木理惠

目次

Chapter 2 職場心理學【進階篇】

Chapter

3

職場心理學［會議・交涉篇］

Chapter 6 戀愛心理學［交際篇］

Chapter 7 戀愛心理學【感情問題篇】

Chapter 8 活力心理學［消除煩惱！］

Chapter 9 灰暗心理學【各種障礙】

Chapter 10 避險心理學【自我防衛知識】

Chapter

0

心理學是一種工具

[何謂心理學？]

為什麼要學習心理學？

心理學可以推測人心，它不僅能讓現代社會的溝通變得更圓融，也可以幫助我們做出更理想的選擇，是讓人生更豐富的工具。

人遇到各種狀況時，會如何思考、行動？甚至又會如何隨之成長？而團體又會在怎樣的狀況，採取怎樣的行動呢？男女之間有什麼不同？

只要瞭解人們內心的思考模式、法則，就可以有效應用在各種場合。舉例來說，**如果能瞭解他人的內心世界，那麼艱難的人際關係、商務交涉、情侶間的相處等情況，想必都可以溝通得更順利，當然也就不會受各種「交際策略」**所苦惱。

學習心理學，可以幫我們從他人的話語、動作知道他們內心的真實想法。當然，我們沒有辦法百分之百地讀解他人心思，不過心理學可以協助我們更容易解讀他人想法，也多少能得到一些提示。

實際生活於社會中，若對他人所說的話照單全收，往往容易受騙。學習心理學則可以透過對方的言語、行為、姿勢，推敲他「最可能抱持」的心理。

此外，心理學也能夠廣泛應用於各種場合，像是商業談判時該如何說服對方，也可以用於分析業績不佳的原因，進而提出改善對策等。

實際上，心理學早已活用於各個領域，尤其是在**行銷、宣傳、銷售等商務領域上更是廣泛運用**，如便利商店等商家，就是徹底應用心理學技巧來誘導消費的顯著例子。**現代社會更是需要學習心理學，才能做出最理想的選擇、讓自己的人生更豐富**。

利用基礎心理學找出內心法則

基礎心理學

生理心理學
- 睡眠心理學
- 情緒心理學
- 神經心理學

認知心理學
- 音樂心理學
- 人工心理學
- 人因工程學
- 心理語言學
- 知覺心理學

學習心理學
- 演化心理學
- 比較心理學
- 行為心理學
- 智能心理學

基礎心理學
主要負責研究心的法則

活用於各種領域的應用心理學

學習應用心理學，就能夠瞭解便利商店或百貨公司為促進銷售而廣泛使用的銷售戰略，例如貨架商品陳列的方式等。

應用心理學

社會心理學
- 產業心理學
- 經營心理學
- 廣告心理學
- 政治心理學
- 交通心理學
- 災害心理學
- 裁判心理學
- 環境心理學

發展心理學
- 嬰幼兒心理學
- 兒童心理學
- 青年心理學
- 老年心理學

人格心理學
- 人格心理學
- 犯罪心理學
- 變態心理學

教育心理學
- 障礙心理學
- 道德心理學
- 學校心理學

臨床心理學
- 輔　　導
- 健康心理學
- 家族心理學
- 照護心理學
- 社福心理學

心理學是一種實證科學

過去，心理學為哲學的其中一個分類，到了19世紀後半才真正獨立成一種學說，由著重科學實證主義的馮特實驗心理學為開端。

「心理學」主要研究的，當然就是「心理」。不過我們無法觸摸，也看不到「內心」，那麼「心」究竟是什麼呢？早在古希臘時代的哲學家柏拉圖和弟子亞里斯多德，就曾研究過「心」（Psyche）這個自古就有的議題。因此，也有人認為「心理學」是最古老的學問。

至於「心理學」（Psychology）一詞，則是由希臘文的「心」（Psyche），和「理論」（Logos）二字組合而成。不過，**古希臘人所說的「心」，比較接近現代所指的「靈魂」，是屬於「哲學」的範疇**。

17世紀，笛卡兒及洛克也對「心」有所探究，但此時仍將其視為哲學的一部分。而意外地，心理學直到19世紀後半，才從哲學獨立成為一門學問。

那麼，最早將心理學獨立為一門學問的「心理學之父」又是誰呢？聽到這個問題，讀者們腦海中首先浮現的，大概是佛洛伊德、榮格，或是最近備受矚目的阿德勒等人吧？

自我、性衝動或情結等心理學相關概念的確很令人好奇，但我們不妨更深入思考，是否有人衡量了「情結」，並將其化為實際數字？所謂的「科學」，不只是腦海中不斷思索的想法，更需要在相同的條件下實驗、驗證，將一個理論轉化為可見的具體數據才行。

而實際上首先**創立實驗心理學的，便是德國的心理學家威廉．馮特**（Wilhelm Wundt），**因此他可說是真正的「心理學之父」**。

以科學實證主義為主的實驗心理學誕生

古希臘對心的探究

身心不同，
「心」是不滅的

柏拉圖（Plato）
（西元前427～347年）

「心」是
生物的生命原理

亞里斯多德（Aristotle）
（西元前384～322年）

17 世紀哲學對心的探究

理性主義
（歐陸理性主義哲學）

VS.

經驗主義
（英國經驗主義哲學）

先天論 ⟷ 經驗論

身心二元論
（相互作用論）

白板說

笛卡兒（René Descartes）
（西元1596～1650年）

洛克（John Locke）
（西元1632～1704年）

心理學仍隸屬於哲學

心理學之父馮特

馮特（Wilhelm Wundt）
（西元1832～1920年）

萊比錫大學哲學教授，主要教授心理學；將心理學從哲學中獨立出來，被譽為「心理學之父」。

將心理學體系化，
從哲學獨立出來

創立以科學實證主義
為主的實驗心理學

不具實證科學性的深層心理學

佛洛伊德之後的深層心理學

分析心理學

榮格（Carl Jung）
（西元1875～1961年）

精神分析學

佛洛伊德（Sigmund Freud）
（西元1856～1939年）

個體心理學

阿德勒（Alfred Adler）
（西元1870～1937年）

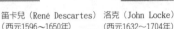

用於心理技巧上的行為心理學

行為心理學以實證科學主義為基礎，並根據多數受試者的數據解析心理傾向及特徵。若能將行為心理學視為一種假說運用，想必可成為有效的心理技巧。

前篇提到了「心理學之父」為開創實驗心理學的學者馮特，而現代的「行為心理學」也是以這種實證性科學主義為基礎，經歷假說、實驗，及驗證等過程組織成的理論，是具科學實證性的心理學。

例如在一定的條件下調查受試者的正確行為模式，或針對上百、上千人所實施的問卷調查，並將這些受試者的心理傾向及特徵化為數值，進而比較、驗證，以具體方式呈現結果。

也就是說，**行為心理學主要是必須以科學性證據為基礎，再進一步來研究一般人的心理傾向及特徵**。由此可見，行為心理學的研究對象皆為一般人類常見的普遍心理。因此，也可將行為心理學視為一種不特別考慮個別狀況的學問。

那麼，行為心理學既然極力避免受個人差異影響，難道能夠成功讀解人的心理嗎？確實，樣本數較少時，測驗結果容易因個人狀況產生較大誤差。不過，卻能有效應用於工作面試或店家接待大批顧客等情況，即使對象為個人，也可將這個理論視為一種「假說」來應用。

例如，將「說謊時臉部表情容易呈現左右不對稱」這個公式套用到實際狀況，也許就能看穿對方的謊言。

此外，只要以行為心理學的S-R理論（Stimulus-Response Theory）為依據，也可在某種程度上操控他人的心理及行為。

從這角度來看，**行為心理學雖然不是絕對的理論，但卻是可以立即應用的心理技巧**。

以科學根據為基礎的行為心理學

以假說進行實驗或調查

假設：說謊時，左右兩邊臉部表情給人不同的印象

將一個人的表情分為左右兩邊，並分別將「僅以左側合成的臉」及「僅以右側合成的臉」作為有說謊及未說謊的臉，受試者觀看後再詢問意見。

↓

數據化、比較、驗證

虛假的情感
較容易顯現於左臉

未說謊時
左右兩邊表情對稱

↓

一般人普遍具有的心理傾向

↓

成為可利用的假說

↓

觀察

↓

成為有效的心理技巧

Column 1

學習心理學，接近自己憧憬的形象！

人只要活在這個世界上，就會遇到各種問題，無論是誰都會希望「儘快忘掉那些討厭的事情，讓自己變得更幸福」。不過，我們往往記不起想記住的事物，反而會不斷想起想忘記的事。

在自己周遭也常會看到隨心所欲生活的人，他們反而能比努力生活、擁有許多煩惱的人更能獲得幸福。

其實，越告訴自己不要思考一些事物，反而越容易刻印在腦海裡；就如同越想把一些事情做好，反而越容易失敗。這個現象在心理學中稱為「心理控制的反向歷程」(Ironic Processes of Mental Control)，越努力反而越容易加深苦惱，或是越加強自我控制、自我啓發等鍛鍊，反而更容易招致反效果，都是這個現象所造成的。

「人類無法讓自己不去『思考』，更無法讓自己『不思考』。」這是筆者尊敬的哈佛大學心理學家丹尼爾．韋格納(Daniel Wegner)的名言。

也就是說，不斷想著要忘記某件事，反而更會過度在意這件事，讓自己的努力徒勞無功。而「認知心理學」及「記憶心理學」則主要研究這些心理學現象，教導大家如何面對自己，並在與他人的交流中找到彼此的快樂感受。

讀者若能與第 18 頁所提到的「行為心理學」重點觀念搭配學習，掌握聰明的思考方式，想必也更能接近「自己所憧憬的形象」。

Chapter 1

職場心理學

[人際關係篇]

人際關係篇

讓第一印象變得更好

初次見面時的印象往往特別深刻。其實，初次見面帶來的初始效應影響極大，由此可知第一印象的重要性。

初次見面的第一印象不僅在求職面試時相當重要，就連初次進入職場、跑業務時也舉足輕重。

在心理學中，推測對方是怎麼樣的人的行為，就稱為「**對人認知**」。其中，從片段資訊逐漸組成整體印象的過程，為「**印象形成**」。

心理學家所羅門·阿希（Solomon E. Asch）曾針對「印象形成」做過一個相當有趣的實驗。若將一個虛構人物冠上「知性」、「勤奮」、「衝動」、「具批判性」、「頑固」、「善妒」等形容詞，並依序唸出來時，容易給人「雖然有些缺點，但是個有能力的人」的印象；但相對地，如果反向唸出，則較易產生「因為有這些缺點，無法發揮自己的能力」的印象。

也就是說，印象形成時期最重要的，便是初次見面時的「**初始效應**」了。與他人初次見面時，與其一開始就為了謙虛而傳達否定自我的訊息，不如先盡量表達可提升自我印象的資訊。

第一印象可能就會成為你的形象，甚至導致長久的影響。這是因為人覺得自己所相信的資訊才正確，之後也只會看到符合心中對他人第一印象的部分。這種行為稱為「**確認偏誤**（Confirmation Bias）」，只要對你產生既定印象，之後就會受到確認偏誤影響，難以改變原本的印象。因此，請重視第一印象，並給他人良好印象吧！

印象的初始效應

心理學家阿希所進行的印象形成實驗

相同的文字依不同順序唸出，給人的印象會截然不同，可見印象形成時期受初始效應影響極深。

利用外表和暈輪效應打造良好印象

受人歡迎及喜愛的人，工作起來也較為順利。那麼，怎麼樣才能提升自己的魅力呢？雖然外表的影響極大，但也能透過暈輪效應提升好感。

較受他人喜愛的人，通常在職場工作也較為順遂。在心理學中，影響他人好惡情感的，是「**個人魅力**」。那麼，又要如何提升自己的個人魅力，留給他人對自己的良好印象呢？

無論男女，在初次見面時最容易讓對方建立第一印象的，就是「外在魅力」。

舉例來說，美國曾舉行過一次「假想判決實驗」，找來530位男性擔任陪審員，並請這些人觀看被列為被告的女性照片，再讓陪審員決定被告是否有罪。結果，美女被判的刑期普遍較短、罰金也較低，與外表較不突出的女性有著天壤之別。當犯人為男性，而女性擔任陪審員時，結果也相同，這是**刻板印象**所引起的結果。

所謂的刻板印象，是指人們對特定群體產生的統一認知，通常會受到先入為主的文化觀念所影響，雖然可利用較少的資訊有效判斷情況；但相反地，也容易對少數人產生偏見或差別待遇。我們常會將美女或帥哥視為好人，是因為繪本或電影中多將好人繪製得較為好看，讓人產生「美女等於好人」的刻板印象。

因此，**讓自己外觀變得較整潔、美觀就是創造良好形象的第一步**。對自己的外表較沒自信的人，則可利用形成印象時的偏見，改善自己的印象。

人們習慣統一自己對某個人的評價，所以**可透過「暈輪效應」（光圈效應）這個特性，藉由一個優點影響他人對自己的整體印象**，讓自己看起來更有魅力。

假想判決實驗證實美女讓人產生好感

假想判決實驗中，共530位男性擔任陪審員負責決定女性被告的刑責。

	假想陪審員的判斷	
	被告外型亮麗時	被告外表不突出時
打雪仗時，使朋友受傷的7歲女孩	只是單純的意外，應該沒有惡意吧	是比較輕微的惡作劇吧
交通事故肇事者的判決	5,500美元罰金	10,000美元罰金
女性強盜犯的判決	拘役2.8年（平均）	拘役5.2年（平均）

利用暈輪效應（光圈效應）讓自己閃閃動人

只要強調自己的某一項優點，例如出身名門、某大企業富二代、或是擁有哈佛大學MBA學位等，就會產生「暈輪效應」讓自己看起來更有魅力。即使外表不突出，也能藉著宣揚自己的一項優點提升他人對自己的好感度。

身體比嘴巴更誠實

人在說謊時，會集中精神控制表情，避免被他人看穿，但也因此忽略了肢體動作。因此，要看穿他人的謊言，就需要注意他的肢體動作。

我們難以窺探他人的內心。尤其若是商務場合上，對他人說的話照單全收，反而可能著了別人的道。究竟怎麼做，才能確認對方說的是真是假呢？

此時，我們可以注意對方身體的動作，包括手部、腳部的動作，以及眼神的移動、臉部表情變化等肢體語言所透露出來的訊息，也就是**非語言溝通**（Non-verbal Communication）。相較於語言，「非語言溝通」更能表達出每個人的真心話。

美國心理學家保羅．艾克曼（Paul Ekman）曾讓護校學生觀賞有趣的電影，以及包含手術場景的醫療用電影，事後詢問這些學生感想，並讓他們說出醫療電影「很有趣」的謊話，同時分別拍攝學生臉部表情及肢體動作；之後，再讓不同的人分別觀看臉部及身體表現的影片。結果，觀看身體部分影片者，很快就能發現這些學生說謊了。也就是說，人為了維持臉部的表情，就無暇顧及身體其他部位；由此可見，**只要觀察他人身體的動作變化，就更容易看穿謊言**。

舉例來說，女性在約會結束後雖然說著：「今天跟你一起真的很開心。」但雙腳的腳尖卻早已朝向出口的方向，或是腳背對著約會對象時，其實代表女性希望早點回家，或毫不在乎對方。

接下來的章節將會介紹更多方式，並說明如何透過非語言溝通瞭解他人心情。

身體比嘴巴更誠實的實驗

美國心理學家艾克曼讓受試者觀賞有手術畫面的醫療用電影，並要受試者謊稱「電影很有趣」，同時分別拍攝其臉部及身體的畫面。

無法看穿謊言　　看出對方說謊

觀看身體影片的人能看穿謊言

注意對方身體，更能判斷謊言！

透過女性腳尖方向得知其心理

約會結束後，女伴說：「今天和你一起約會，真是太開心了！」。但……

雙腳足尖早已朝向出口，正是希望早點回家的證據。

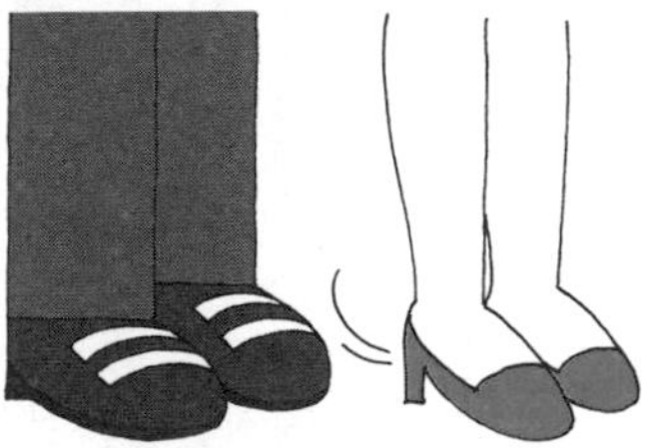

腳背對著對方，代表其覺得無趣，毫不在意對方。

敞開內心時，雙腿也會放鬆

各種肢體動作中，最容易呈現內心狀態的便是雙腿的姿勢了。我們的雙腿不僅會在不知不覺間表現出不安或依賴感覺，也能透過坐著時雙腳的姿勢窺知每個人的個性。

想要窺探一個人的內心狀態時，不妨試試看注意其雙腿的動作吧！

人們在意圖掩飾自己內心情緒時，會努力控制臉部表情，避免被他人察覺。此時，也因為極力控制表情，反而忽略對身體其他部位的注意力，更有可能因此洩漏了真正的感受。**在眾多肢體動作中，最容易顯示當下心理狀態的，是雙腿的姿勢**。

前一節也曾說明過，約會對象嘴巴說開心，內心卻想早點回家時，腳尖便會自然朝向出口方向。此外，張開雙腳站立的姿勢是為了誇示自己的「男子氣概」；相對地，雙腳交錯時，則可能顯示內心的「不安」。

另一方面，美國臨床心理學家 John Blaser 也證明了人坐著時雙腿姿勢與個性有一定的關聯。他以1000位白人女性進行調查，並分析了雙腿姿勢與個性的關係。

調查的結果顯示，共有十種雙腿擺放的姿勢與個性有關。例如，雙腳緊閉而坐的人，代表其較注重規矩，也希望有系統地整理各種事物；而雙腿交錯坐著的人，可能具有強烈母性，喜歡照顧他人；雙膝併攏、雙腿呈八字坐下的女性較追求成功；相對地，雙膝敞開、雙腿以逆八字方式坐下的女性則對男性較為積極。

女性談話到了忘我程度時，往往會不禁放鬆雙腿，**可見雙腿放鬆的程度也可代表每個人對他人敞開內心的程度**。

雙腿姿勢與心理狀態

透過雙腿的姿勢，瞭解每個人的心理狀態。

代表「順從心」　誇示「男子氣概」　代表內心「不安」

雙腿坐姿與個性的關係

美國臨床心理學家 John Blaser，分析 1000 名白人女性坐下時雙腿的姿勢以及其個性，並證明了兩者間的關聯性。

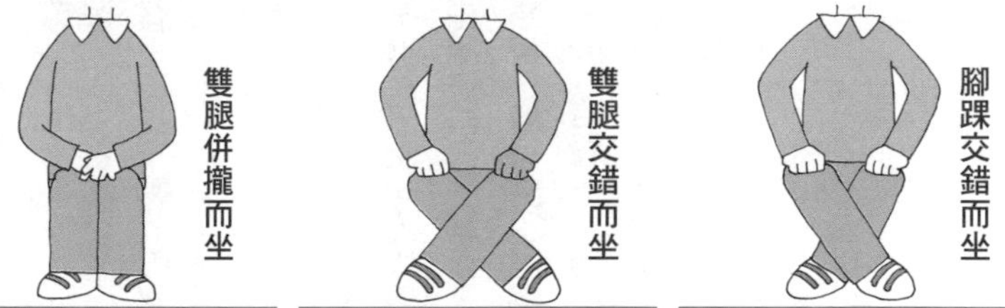

相當注重規矩　喜歡照顧他人　屈辱、服從性

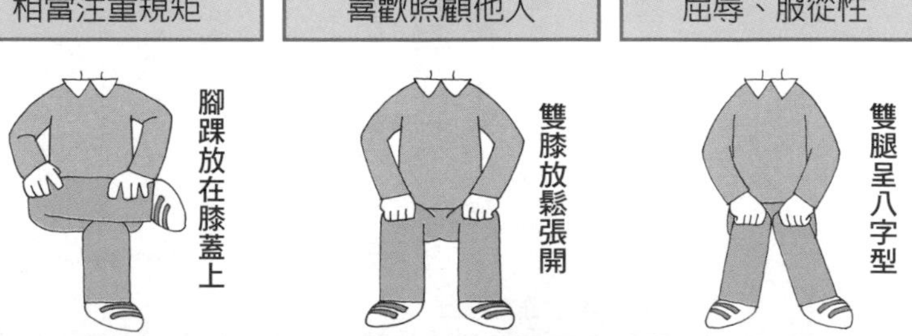

顯示自我　對男性較積極　較追求成功

透過雙手窺知說謊的心理

手的動作與雙腳一樣，皆屬於身體中較容易表達內心狀態的部分。說謊時，人會用手做出「自我親密行為」，以抑制謊言可能被看穿的不安與緊張。

手、手臂的姿勢也和腳一樣，比較容易透露出一個人的內心狀態。舉例來說：**說謊時，全身上下變化最大的多為手的動作**。

大多數人在說謊的當下，通常手部的動作也會停不下來。事實上，想要在說謊時好好地將雙手擺放在膝蓋上絕非易事。如果見到對方突然手舞足蹈、話變多了，就能合理懷疑對方說謊。

相反地，說謊者也可能會為了隱藏真心話而將手放入口袋或放到桌子下方；此外，也可能會不自覺觸碰自己的臉或身體、頭髮等部位。

這些都屬於「自我親密行為」，摸頭髮或頭部是希望他人安撫自己的補償行為；雙手抱肘或手臂，則是孩童時期被大人環抱即可感到安心的一種補償行為。

一旦說了謊，內心的不安與緊張感也會提升，便容易藉由觸碰自己的動作來減輕內心的不安或壓力。

順帶一提，雙手抱胸的動作代表人想要保護自己的心理，或是自我封閉的狀態，常帶給他人自我防衛強烈的負面感受。此外，雙手握拳並抱胸的動作因象徵了敵意及攻擊性，除了斥責下屬等情況外，一般商務場合還是少用為佳。

說謊時的手部動作

人在說謊時，雙手會因不安或緊張情緒出現以下動作。

雙手動作變多，話也變多。	隱藏雙手，避免曝露內心想法。	觸碰頭髮或身體減緩不安。

抱胸常代表的兩種心理

人感到強烈不安時，雙手就會做出宛如抱住自己般的抱胸動作，以消除內心的不安或緊張，屬於「自我親密行為」的一種。此外，對他人抱持較高敵意時，常會雙手握拳抱胸，以強調自己的威嚇態度。

防衛心　　威嚇心

雙手抱肘或手臂，宛如抱住自己般環住身體。

雙手握拳，並交錯於胸前。

透過表情認知瞭解內心

人的情感常會顯現在臉部表情上，但臉部的表情卻不一定代表每個人的真實想法。當內心想法與表情不同時，臉上就會出現左右不對稱的表情，尤其左臉較容易呈現虛假情緒。

由前述可以瞭解相較於臉部表情，身體較容易透露人的真心；但臉部表情也會透露人們的謊言，只要多加注意、觀察他人表情變化，就能看穿謊言。

專門研究表情與情緒關係的美國心理學家保羅．艾克曼（Paul Ekman）將人的基本情緒分為「喜悅」、「恐懼」、「厭惡」、「驚訝」、「悲傷」及「憤怒」等六種。同為心理學者的Harold Sackeim則將代表艾克曼統整的六大基本情緒表情照片，切割為左臉及右臉，再分別水平翻轉，合成僅由右臉構成以及僅由左臉所構成的臉部照片。讓受試者觀察這些照片後，除了「喜悅」以外的其他表情，受試者多認為左側臉合成的照片帶有較強烈的情緒。

其實，艾克曼在拍攝這些表情時，只有「喜悅」是出自於真實情緒時所拍的照片，其他照片則是刻意演出的情緒。由此可見，**說謊時的表情通常左右不對稱，其中又以左臉較容易出現虛假的情緒**。

舉例來說，詢問主管自己的企劃是否通過，而對方僅有左臉出現明顯笑臉時，代表對方可能不是發自內心感到喜悅。

此外，人在假笑時會較容易從嘴角展現笑容，但往往難以控制眼角。也就是說，如果對方出現嘴巴在笑，眼睛卻沒有笑的表情，或是嘴巴先笑、眼睛晚一步才瞇起等情況，就有可能只是虛假的笑容。

說謊時，臉部表情會左右不對稱

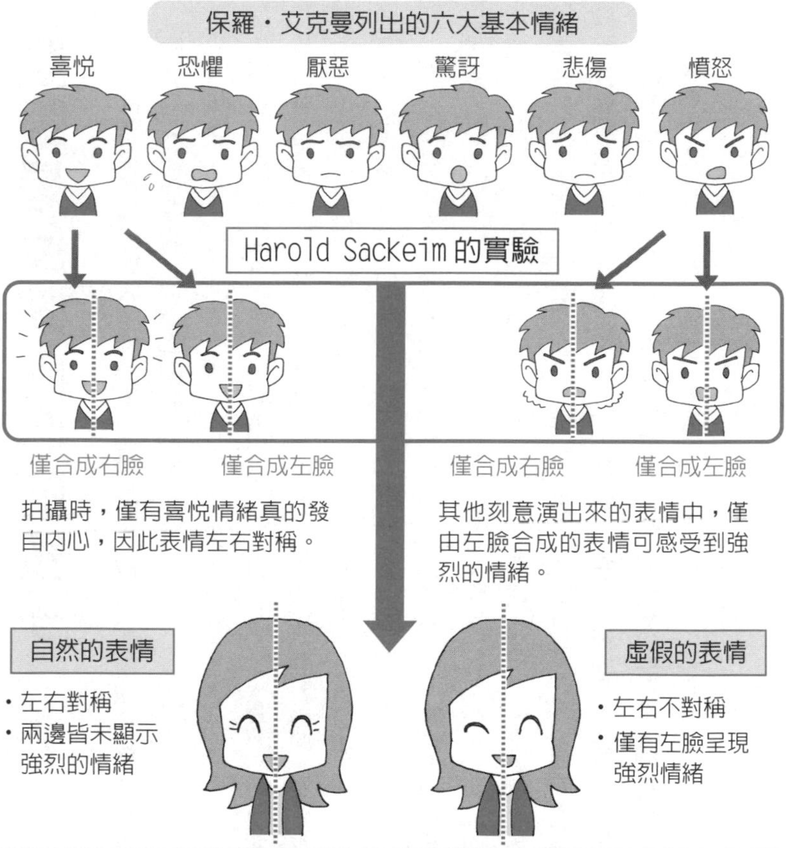
保羅・艾克曼列出的六大基本情緒
喜悅
恐懼
厭惡
驚訝
悲傷
憤怒
Harold Sackeim的實驗
僅合成右臉
僅合成左臉
拍攝時，僅有喜悅情緒真的發自內心，因此表情左右對稱。
僅合成右臉
僅合成左臉
其他刻意演出來的表情中，僅由左臉合成的表情可感受到強烈的情緒。
自然的表情
・左右對稱
・兩邊皆未顯示強烈的情緒
虛假的表情
・左右不對稱
・僅有左臉呈現強烈情緒

假笑時只有嘴巴先笑

只有嘴巴先笑時，代表有極大可能為假笑。

只有嘴巴先笑
眼睛之後才笑

雙眼是反映内心的鏡子

眼神接觸是建構良好人際關係不可或缺的行為；只要瞭解神經語言規劃（NLP）的「眼球解讀線索」，就能透過視線方向推測對方內心的想法。

常聽到「仔細觀看眼睛就能瞭解對方」、「看著對方的眼睛說話」等說法。其實是因為眼神飄移不定、不敢直視對方的人，通常也無法建構良好的人際關係。

你是否曾經在與不熟悉的人說話，或無法見到對方雙眼的狀況下，比如對方戴著墨鏡或利用電話交談等情況時，感到焦躁不安呢？

人與人溝通時最基本的正是「**眼神接觸**」，也就是指互相看著對方眼睛溝通的行為。心理學家馬克・奈普(Mark Knapp)將眼神接觸時的心理狀況分為：想要瞭解對方反應、想要與人交談、示好以及表示敵意等四大類型。我們通常會利用眼神接觸琢磨對方的想法，進而建構理想的人際關係。

然而，不是看著對方眼睛就能讓對方難以說謊。人們常認為人在說謊時「眼神會不敢接觸對方」，但其實人們就算是看著對方眼睛時也照樣能夠說謊。只是彼此互望，較能看穿對方的謊言。

舉例來說，一種名為**神經語言規劃**(Neuro-Linguistic Programming，簡稱NLP）的心理療法中，可利用「**眼球解讀線索**」（Eye Accessing Cue）分析眼球活動，找出此活動是否與大腦視覺、聽覺或體感有關。如**眼睛朝向左上方轉動時，代表此人正在回想過往的視覺體驗；若眼睛朝右上方時，則是在想像未曾體驗過的事物**。也就是說，若對方表現出正在回想過往的經驗，但眼睛卻朝向右上方，代表這個人可能正在說謊。

馬克・奈普列出四種眼神接觸時的心理意義

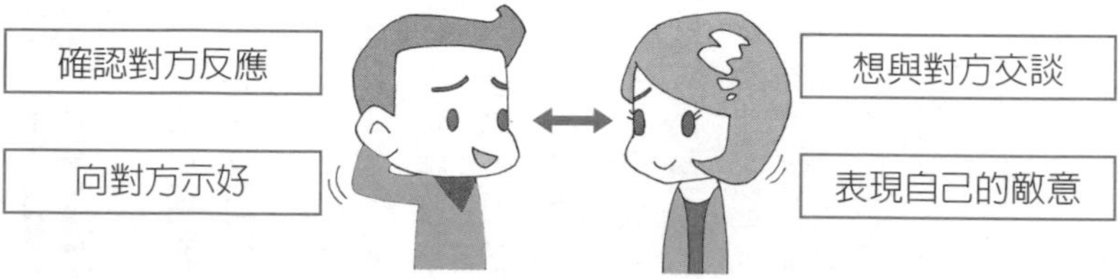

神經語言規劃的「眼球解讀線索」(Eye Accessing Cue)

神經語言規劃（NLP）中，可透過對方眼球的活動解析此行為與大腦視覺、聽覺還有體感的關聯。

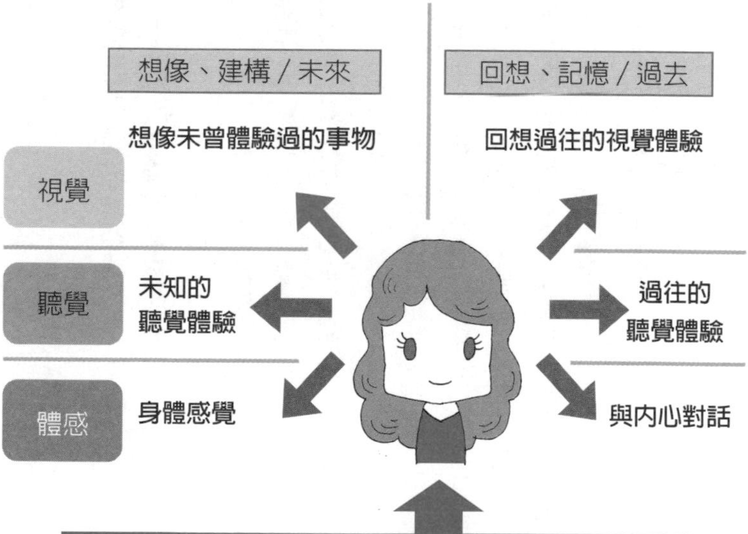

詢問對方過去的經驗時，若其眼睛朝向右上方轉動，代表對方正在想像未曾體驗過的事物。也就是說，這個人可能正要說謊。

主管的類型

各種職場人際關係中，最重要的就是和主管之間的關係了。在抱怨自己「不受主管喜愛」以前，不妨以PM理論分析主管的類型，再理解其行為模式吧！

工作中最艱難的，想必就是人際關係了。其中，和主管的關係不僅牽涉到現在的工作，更與未來是否能出人頭地有關，也因此想要建立良好的人際關係。不過事實上，卻有很多人抱怨「自己不受主管喜愛」。

其實，有說法認為當主管的人大多欠缺能力。根據美國南加州大學教育學家勞倫斯・彼得（Laurence J. Peter）所提倡的「彼得原理」指出，在以能力取勝的階級組織中，人有可能會被提拔到其能力極限所無法負荷、更無法勝任的職位，而導致難以繼續升遷；也就是說，甘願處於現有職位的主管，都是欠缺該職位理想能力的人。由此看來，不必抱怨主管的無能，只需妥善與這些無能主管相處，並不斷累積自己的實績。

為了達到這個目標，首先就必須能夠分辨所屬主管的類型。想要以領導能力分析主管類型時，最有效的分類方式是依循日本社會心理學家三隅二不二教授所提倡的**「PM理論」**。

P指的是實現群體目標的績效（Performance），M則代表維持團體正確運作的功能（Maintenance），這兩種指標依照高低程度排列，就分成四種類型。其中，**理想的主管是兩種功能數值皆高的PM型**，但也需視工作內容及經營狀態調整。

請先判斷自己的主管屬於哪一種類型，再考慮自己的立足點。

PM 理論列出的四種主管類型

日本的社會心理學家三隅二不二從達成提升生產力目標的績效 P，以及瞭解成員、維持團體正常運作的功能 M 的高低程度，將主管分成四種類型。

團體運作能力

高

pM 型

擅長理解下屬的立場和照顧下屬，但在完成目標時卻容易出現問題、生產力也偏低。

PM 型

擅長照顧他人，也能確實達到目標的加乘效果，無論生產力及下屬滿意度都高。

低　　高

目標達成能力

pm 型

欠缺追求目標的企圖心，也不理解、信任下屬，生產力低。

Pm 型

為了提升生產力而斥責、刺激下屬，卻不懂得為下屬心情或立場著想。

低

與主管相處融洽的方法

員工都希望主管能喜歡自己、提升主管對自己的評價；在心理學「自我推銷的印象管理」理論中，「迎合」為「討好他人」的行為之一，若能善用這個方法會很有效。

主管不僅是工作上的夥伴，更是評斷分數的人；想在能左右自己評價的人面前看起來更好、想提升自我評價都是人之常情。這類讓自己看起來更好，以提升自己在他人心中評價的行為，在心理學中稱為**自我推銷的印象管理**。

美國心理學家Jones與Pitman將**自我推銷的印象管理分為「討好」、「自我宣傳」、「示範」、「威嚇」、「哀求」等五種類型**。而「討好」則包括了「恭維」及「迎合他人」等方法。

「真不愧是經理呢！」、「主任不在就慘了啊！」應該沒有人會討厭聽到這些話吧？「**受人尊重**」為人的基本需求之一，希望獲得他人的認同。畢竟主管具有一定的經驗，職位更在多人之上，其「**尊重需求**」和「**善意回應**」也一定比較高。只要聽到他人為了示好而說恭維話語，通常就會先對對方產生好感。

然而，在主管面前說些表面的恭維話，背後卻說壞話，一旦傳到其他人耳中，反而會被認為是表裡不一的卑劣小人，進而導致失敗，這點必須小心。

自我推銷的印象管理被認為是一種溝通方式。但最重要的，還是要讓上司看到自己實際工作的成效，才能獲得最高評價。

自我推銷的印象管理範例

Jones 與 Pitman 將自我推銷的印象管理分成五大類，無論哪一種都有如自己所願，或造成反效果的可能。

印象管理範例	典型的行為
討好	自我揭露
	附和他人
	親切
	恭維
	迎合他人
自我宣傳	宣傳自己的能力或業績
示範	否定自我
	援助
	奉獻型努力
威嚇	脅迫
	憤怒
哀求	自我批判
	祈求協助

期待被喜愛

成功	失敗
抱持好感	「卑鄙的傢伙」

期待受尊敬

成功	失敗
評價更好	「真是自戀」

期待受幫助

成功	失敗
感到悲憐	「太懶散了」

如何提出與主管相左的意見？

面對擁有「社會權力」的主管或高階幹部，往往說不出反對的意見；學習自我意見表明的方法，就能好好提出和這些人相反的意見。

要在主管或高階幹部面前真實提出反對意見，往往沒那麼容易。會議中，即使主管說出「請自由發言，也很歡迎不同的意見」等言論，我們也還是很難說得出口吧！

這是因為他們手中握有「社會權力」。所謂的「社會權力」，是指可影響對方的潛在能力，也可稱為「社會勢力」。心理學家French和Raven就將這種社會權力分為「獎賞權力」、「強制權力」、「法定權力」、「專家權力」、「參照權力」等五種類型。在這之中，主管或幹部握有可左右獎賞的「獎賞權力」，以及將不服從者降職或減薪的「強制權力」，讓下屬難以說出與他們相左的意見。

然而，反對意見並不是指否定對方；說出與對方對立的話語，是為了找出更好的解決方式，才針對一個主題提出不同意見。

對主管提出不同意見的秘訣，是透過尊重他人的**自我意見表明**（Assertion）方式。

人在說出反對意見時，常常不考慮對方立場，僅用攻擊性的方式說出自己的想法（攻擊性）。相反地，如果抹煞自己的想法，也不優先贊同對方立場的話（非自我表現），就容易招致他人不滿。

因此，**如果能夠先肯定主管的意見，藉由認同行為抬舉對方後，再主張自己的想法（自我表現）才是最理想的方式**。

社會權力的分類

社會權力指的是可影響他人的潛在能力，French 和 Raven 則將其分為以下五大類。

獎賞權力
左右獎賞的能力

強制權力
懲罰的能力

法定權力
主張正當權利

專家權力
依據知識發表言論

參照權力
讓他人配合自己的能力

學習以自我意見表明為主的表達方式

Assertion 有「主張」的意思，是以尊重對方和自己為前提，發表自己意見的一種溝通技巧。

攻擊性　Aggressive

以自我為中心思考，絲毫不考慮對方立場，充滿攻擊地發表言論。即使語調溫和，也會讓對方無處可逃、毫無選擇餘地，包括強加主張給他人。

非自我意見　Non-assertive

以對方為主，常抹煞自己的意見，把自己的想法藏在心裡、不敢說出口的情況也屬於這一類。

自我意見表明　Assertive

尊重對方與自己的意見並發言，例如「部長的意見很重要，但若考慮現況時……」等句子，既能考慮對方情緒，也能確實表達自己的意見。

人際關係篇

與同事相處融洽的方法

有些人無法坦率地和同事相處。不過，只要將對方視為不錯的人，透過自我揭露就能實現自我應驗預言，真心感受到同事的好。

孩童時期，我們都被教導應該要和他人融洽相處，但是長大投入工作之後，卻不見得都能和每位同事意氣相投，有時會無法融洽相處，甚至會受到排擠、孤立。尤其同批進公司的人，在某種層面上也具有競爭關係，大家常會因「與他人比較的需求」，無意間在意起未來升遷及公司內部評價，而逐漸與同事拉開距離。此外，也有人會在部門內獨來獨往，甚至連午餐時間也甘願享受所謂的「獨享餐」。

綜觀這些人的共通點，在於都缺乏「**自我揭露**」的能力，從一開始和同事相處，就有「就是無法喜歡他人某些行為」的想法。

本書第22頁也有提過，對人認知中最重要的就是第一印象，甚至還會影響後續關係。這是因為人會認為自己相信的資訊不會有錯，**對某人有不好的第一印象，之後也只會看到這個人的缺點**，這個情況會逐漸累積成「**確認偏誤**」，也固定了自己對某些同事的印象。例如有天早上與某位同事打招呼卻沒得到回應，就會覺得「這個人果然是個無視自己的討厭鬼」，這個情形在心理學稱為「**自我應驗預言**」。

相反地，若覺得對方是個好人，在「**自我揭露**」後對對方產生好感，且會對其親切，對方也因「**善意的回應**」對自己更好，我們就會只注意到對方的優點，並形成「確認偏誤」，達到認為對方是個好人的「自我應驗預言」。

因此，與同事相處的最佳策略是，**必須將對方視為好人，並加強自我揭露**。

第一印象構成的自我應驗預言

只要對某人的第一印象不差，就會在自我揭露之後讓對方對自己產生好感，並形成確認偏誤，只看見對方的優點，認為這個人果然不錯，進而實現自我應驗預言。

1．對他人抱持不錯的第一印象

↓ 對人認知

2．對其敞開內心

↓ 自我揭露

3．對人親切，以博取好感

↓ 善意的回應

4．確認對方回報自己的好感

↓ 確認偏誤

5．這個人果然不錯

自我應驗預言

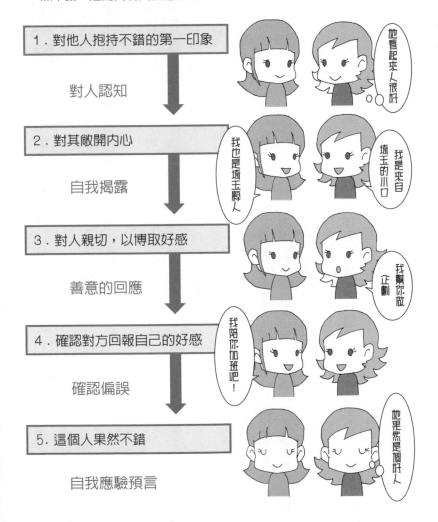

說出「最近的年輕人……」之心理

常說「最近的年輕人……」等話的人，通常年輕時也常被上個世代的人這麼說。只要瞭解世代理論會逐漸形成刻板印象，必須客觀看待。

「最近的年輕員工到底怎麼回事啊？」你是否曾經被這樣怒斥過呢？這句話不是最近才流行，每個世代都會聽到這樣的言論。現在抱怨的50多歲的主管，在年輕時也曾被說過「最近的年輕人都是『新新人類』，根本不知道在想什麼」。當時的管理階層，同為「廢墟世代」（譯註：出生於二戰期間（1939～1945）的人，童年曾經歷空襲等戰亂，具有極強的求生意志，也充滿動力。資料來源：《乙男蟻女：106個世代標籤，深入你不知道的日本》，茂呂美耶，麥田出版（2011））在他們的眼中，這些搞不懂在想什麼的世代，就稱為「新新人類」。

無論哪個世代的管理人才，常會因「與他人的比較需求」，將年輕一輩視為比較的對象，並根據「尊重需求」，把自己的世代視為較優秀的一代，才會這麼批判晚輩。例如年輕時恰巧處於景氣最佳時期的40多歲者，稱為「泡沫世代」；經歷泡沫時期，並在求職冰河期找工作的30多歲者為「草食世代」；經歷寬鬆教育培養的20多歲者則稱為「寬鬆世代」。每個世代有其各自的特色，如**泡沫世代的人喜好名牌、注重成就；草食世代的人著重穩定的生活，個性較堅毅樸實；而寬鬆世代的人則因身處科技普及的數位原生環境中，在現實生活則甘於遵守規定、抗壓能力差**。

將諸如此類的世代理論視為整體傾向，並掌握住固然不錯，但這類想法容易形成刻板印象，進而助長如「就因為是草食世代才毫無夢想」、「寬鬆世代的人果然能力不好」等偏見。**請避免流於確認偏誤，並客觀地看待每個人的個性及能力**。

忍不住說出「最近的年輕人……」的心理

無論哪個年代，都會聽到管理階層說出「現在的年輕人真糟糕」等言論。這是因為想與人比較的「與他人的比較需求」，與希望評價自我的「自我實現需求」互相結合所致。

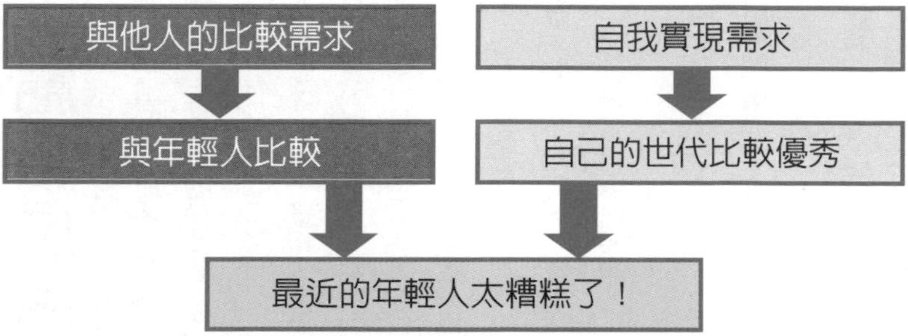

各世代年輕人的刻板印象

現在 40 多歲的人被稱為泡沫世代、30 多歲的人為草食世代，而 20 多歲的則叫做寬鬆世代。每個時代的經濟情況及教育環境都會影響這些人的言行舉止，只要將其視為一種傾向即可，請避免以刻板印象的偏見看待。

泡沫世代	草食世代	寬鬆世代
崇尚名牌 注重成就	注重穩定 堅毅樸實	生活於數位多元環境 抗壓力較差

與下屬相處融洽的方法

雖是主管與下屬，彼此的關係卻常伴隨著對立與爭執。處理這些人際衝突的方法雖然多，但最重要的還是要正視問題、徹底溝通。

身為主管的你，怎麼做才能與下屬相處融洽呢？

人際關係往往容易引發對立或爭執。在心理學中，這類問題稱為「**人際衝突**」，包括因工作分配造成對立所引起的「**利害衝突**」；因工作方針或想法差異所產生的「**認知衝突**」；以及如業務該怎麼做等與行動規範有關的「**規範衝突**」等三大類。不過，人際衝突通常是因這三種衝突互相關聯所產生，不容易僅受特定一項衝突影響。

那麼，人際衝突出現在職場上時，身為主管的你又該如何處理呢？

美國心理學家羅伯特・布萊克（Robert Blake）及數學家簡・莫頓（Jane Mouton）曾將人際衝突的處理模式分為五大種類，包括：忽視問題、延後解決的「迴避型」；彼此互相讓步的「妥協型」；對彼此差異睜一隻眼、閉一隻眼的「融合型」；堅持彼此立場、互不相讓的「固執型」；以及徹底討論到雙方可接受為止的「正視問題型」等。

與下屬發生意見衝突時，若選擇固執型或迴避型等模式，就無法妥善處理；相對地，正視問題型是最理想的選擇，不僅可圓融處理事情，也能與下屬建立積極的關係。

遇到人際衝突時不要逃避，反而還可將其視為建構人際關係的好機會，真誠處理即可。

與下屬發生衝突的處理模式

美國心理學家羅伯特・布萊克及數學家簡・莫頓將處理人際衝突的模式分為五大類；其中最能建構出積極人際關係的，是正視問題型。

迴避型

迴避問題，拖延處理時間。

妥協型

找出可妥協的部分，彼此讓步。

融合型

對彼此的差異睜一隻眼、閉一隻眼。

固執型

堅持自己的主張，互不相讓。

正視問題型

徹底討論至雙方都能接受為止。

培養下屬的理想方法

究竟是要稱讚還是斥責下屬才能使其成長？心理學中，多偏向稱讚使其成長的方式。此外，在讚賞他人時，嘉許他的努力而不是能力，更能促使下屬勇於挑戰新事物。

雖然曾聽過大聲斥責以激勵他人的說法，但想要提升下屬能力時，斥責和稱讚，哪個效果會比較好呢？

美國的心理學家伊莉莎白・赫洛克（Elizabeth Hurlock）將小學五年級的學生分成無論成績如何都稱讚的「稱讚組」、無論成績如何都斥責的「斥責組」，以及不斥責也不稱讚的「放任組」，並讓學生們連續5天解答算術問題。

結果，「稱讚組」在連續5天受到讚賞後，成績持續提升；「斥責組」前3天雖然成績提升不少，但後來就大幅退步；「放任組」只有初期有些微進步，但整體沒有多大變化。

由此可知，「以稱讚鼓勵進步」是較理想的方式，這也稱為「增強效應（稱讚效果）」。人一旦受到稱讚，就會激發自己的動力，會更加努力進而讓成績更理想。不過，**稱讚他人時，與其稱讚其能力或才能，不如對其努力過程加以讚賞**。

這是為什麼呢？美國心理學家卡蘿・德威克（Carol Dweck）曾以數百名孩童為對象，要這些孩童解開某個問題，並分成兩組觀察，她稱讚第一組孩童的才能，並稱讚另一組孩童的努力。接著，再分別問這兩組孩童是否想挑戰新的問題，還是想持續解答同一個問題，結果努力受到讚賞的孩童回答希望挑戰新的問題。

因此，當主管想要稱讚下屬時，建議要讚賞其努力的過程較為理想。

伊莉莎白・赫洛克的實驗

美國心理學家伊莉莎白・赫洛克曾將小學五年級的學生分為極力稱讚組、一律斥責組，以及不稱讚也不斥責的放任組，並要求這些學生連續 5 天解答算術問題。

稱讚組	斥責組	放任組
連續 5 天成績提升	連續 3 天成績提升	僅有初期稍微提升

稱讚下屬才能讓其進步！

卡蘿・德威克的實驗

史丹佛大學心理學教授卡蘿・德威克將孩童分為僅稱讚才能和僅稱讚努力兩組，並要求這些孩童解答題目。結果，努力受到稱讚的孩童希望再挑戰新的問題。

想避開未來會遇到的困難	下次還想再努力、挑戰新事物

請稱讚下屬的「努力」！

人際關係篇

如何激發下屬的動力

對成功的期許無論是0還是100％，都讓人提不起勁。要下屬有動力，不妨讓其挑戰稍難的工作，才能期待其未來的成長。

拼命激發下屬的動力，但仍會有些人提不起勁來。

人的「意志」會受到認為似乎可成功的「期待」，以及認為值不值得努力的「價值」所影響，更可用「**意志＝期待×價值**」的基本公式表示。也就是說，就算是攸關升遷的簡報，只要當事人的期待為0，想努力的意志也會變成0。

那麼，一定會成功的工作就能激起幹勁嗎？

心理學家約翰．阿特金森（John W. Atkinson）讓小學生玩套圈圈遊戲，並設置了一定會成功和一定會失敗的距離，以及介於兩者之間的距離。

結果，選擇中間距離目標挑戰的人最多；也就是說，**給予下屬成功機率約為50％的工作，最能激發他的鬥志及幹勁**。

此外，也有其他方法可激發下屬的動力，那就是**期待下屬，並相信他會成功**。

美國教育心理學家羅伯特．羅森塔爾（Robert Rosenthal）團隊曾對學生們實施智力測驗，無論結果為何都對教師表示這些學生「未來學習能力提升的可能性極高」。結果，1年後這些學生的實際成績都有所進步；也就是說，如果老師對被預告會進步的學生有所期待，努力教導後，學生也回應了老師的期許。

這類型的「自我應驗預言」被稱為「**比馬龍效應**（Pygmalion Effect）」，名稱源自與自己打造的雕像結婚的希臘神話人物。反之，**以否定的態度對待他人，則容易降低其自尊情感，甚至招致失敗**，稱為「**格蘭效應**（Golem Effect）」。

阿特金森的實驗

美國心理學家約翰・阿特金森曾設置了一定會成功及失敗的距離，以及介於兩者之間的距離讓小學生玩套圈圈，結果中間距離最受歡迎。

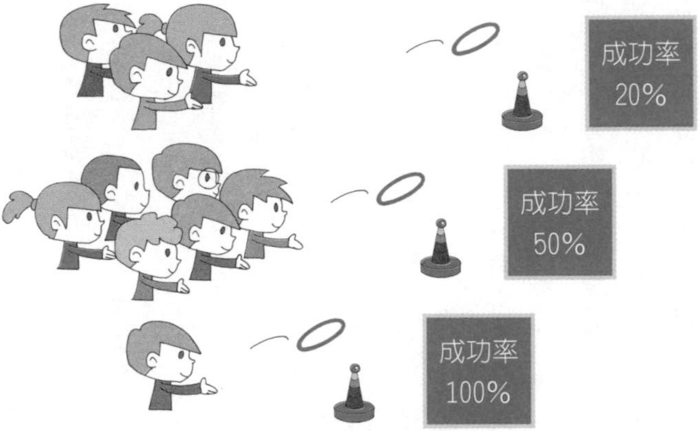

成功率 20%
成功率 50%
成功率 100%

有一定的難度較能激發幹勁

比馬龍效應與格蘭效應

比馬龍效應為自我應驗預言的一種，只要期待未來，就能實際達到目標，而格蘭效應則正好相反。

比馬龍效應

好！
這個任務就交給你了！
拍！

實際達成期許的目標

格蘭效應

我果然還是做不到……

被認為失敗的人終究會失敗

讓對方滿足自己需求的技巧

在職場上，常因為無理的交貨期限或客戶突如其來的要求，必須尋求同事的協助。不過，同事也不一定會滿足自己的需求，此時不妨妥善利用心理學吧！

在職場上，常遇到必須尋求同事協助的情況；然而也有抗拒尋求幫助，只想獨自努力的人，因為這些人大多厭惡對他人抱持著「心理的負債感」，因此經常會拒絕尋求協助。單方面拜託他人，容易增加負債感，但如果是同事間彼此互相幫忙，就如有借有還般加深關係，也更能產生互動性。

然而，也有人不擅長拜託他人吧？此時，不妨利用心理學技巧性地尋求他人協助。

首先，求助時請盡可能找理由。心理學家埃倫·蘭格（Ellen Langer）曾用三種方式向正在使用影印機的人要求插隊，結果**即使是強詞奪理，只要說出理由，對方通常也較容易答應**。

接著，來談拜託的對象。心理學證實抱持愉悅、輕快情緒，或是帶有罪惡感的人較容易協助他人。因此，拜託那些有確定升遷等好事發生或者是看似做了虧心事的人，會比較容易得到協助。

無論如何都希望對方滿足自己需求時，則可透過「以**退為進法**」（第112頁）這個技巧。**故意提出較困難的請求，在對方拒絕後，再利用其拒絕他人的愧疚感，使之答應較簡單的要求**。

此外，**人只會從眼前既有的選項中判斷事物**，只要用「製作文件和統計數據，你可以幫我完成哪一項呢？」來拜託他人，對方就會擇一選擇，像是說「那就統計吧」這類的回答，這種一開始就誘導對方協助自己的「**錯誤前提暗示**」也相當有效。

埃倫・蘭格的實驗

哈佛大學心理學教授埃倫・蘭格以下列三種方式拜託正在使用影印機的人，要求插隊先處理自己的文件。

即使強詞奪理，只要說出原因，對方也很容易答應

讓人滿足請求的技巧

以退為進法

一開始，先向對方要求較難的工作，再利用對方拒絕自己的愧疚感，使之答應簡單要求的技巧。

錯誤前提暗示

一開始就沒有「要幫忙」、「不幫忙」的選項，而是改成「製作文件還是統計數據」的問題，對方常會因受限於選項而不得不選擇其中一樣。

人際關係篇

如何不破壞雙方感情地拒絕？

注重人際關係的人往往無法拒絕同事的請求，但若牽涉到自己的工作或私人行程，有時也必須果斷拒絕。那麼，有什麼方法可以不破壞感情又能順利拒絕？

某一天，同事拜託你加班，但你自己的工作也忙到沒有多餘時間，或是當天有私人行程，因為顧及公司內的人際關係而不知如何拒絕才好。特別是主管要求你協助時，不免擔心一旦拒絕了會不會破壞彼此的感情。

然而，全盤接受對方的所有要求，不僅會增加自己的壓力，其他人也會認為「隨時拜託這個人都可以，任何人拜託也沒關係」，進而降低他們的「心理負債感」，而把你當成便利的工具。

他人請託的工作辦不到時固然要果斷拒絕，但這些人跟自己身處同一個職場，必須在不破壞感情的情況下拒絕才好。

建議這時可利用**有條件贊成的話術**。不是以「不好意思，今天不行」等方式拒絕，而是附加一些條件後回覆對方，例如「明天的話可以幫你」、「晚上6點前可以幫你」等，目的是要表達自己願意接受對方的要求，也想協助，但現在較難幫忙，對方也會覺得「這也沒辦法」而放棄。

其實，將這種有條件贊成話術的順序顛倒，就成了業務上常使用的「Yes－But法」。「Yes－But法」是如「我可以幫你，但要明天才能幫忙」或「我可以幫你，但只能幫到晚上6點」的說話方式；**因為，相較於有條件贊成的話術，先回覆肯定內容更能巧妙拒絕他人**。

不破壞感情，巧妙拒絕的方法

想巧妙拒絕別人時，建議可先讓對方看到自己也想協助的態度，再暗示當下無法協助的難處，這種方法包括「有條件贊成的話術」以及「Yes-But 法」。

有誰可以幫我準備明天簡報的資料？
我今天也很忙無法幫你。
我要和男友約會，無法幫到太晚。

有條件贊成的話術

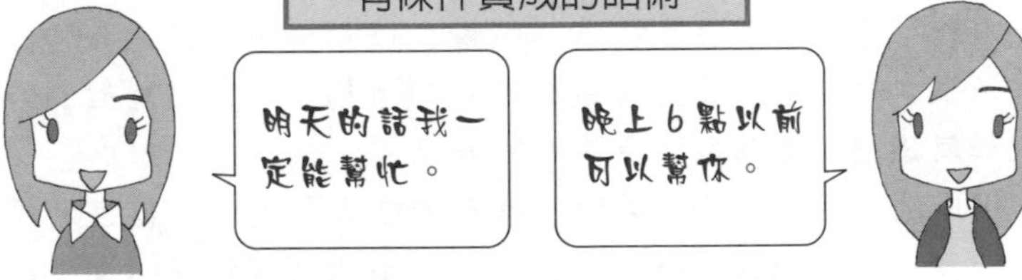
明天的話我一定能幫忙。
晚上6點以前可以幫你。

有條件地回覆，不僅能回應對方的要求，最終也能因自己所說的狀況成功拒絕。

Yes-But 法

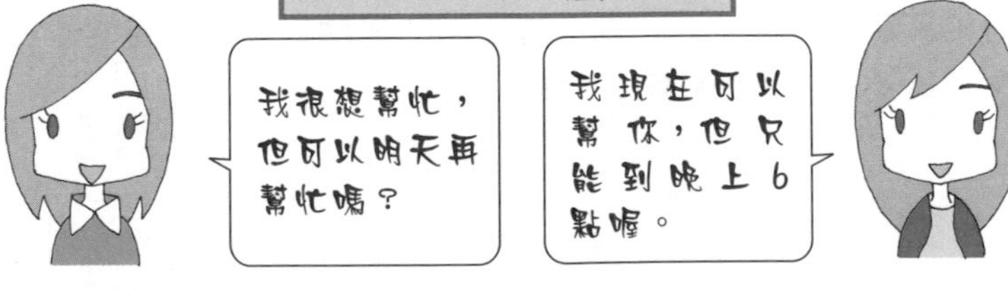
我很想幫忙，但可以明天再幫忙嗎？
我現在可以幫你，但只能到晚上6點喔。

顛倒有條件贊成的回答順序，先回覆肯定答案，更能巧妙拒絕他人要求。

Column 2

•

握手就能判斷個性!?

日本的商務場合也因應國際化的趨勢，越來越常見到握手的場面，像是與美國或英國人交涉時，就一定會與對方握手。如果能透過握手判斷對方個性，日本人或許應該增加握手的機會。

心理學家西摩・費雪（Seymour Fisher）表示，手掌溫度較高者較擅長與人交際，溫度低者則相反。此外，精神科學研究學者Jean Astrom則表示，手掌較乾燥者較具社交性格，但僅限男性。此外，握手時力道較強者，個性也較為積極。的確，握手是與他人接觸的行為，用力握手的人較不抗拒與他人接觸、溝通，個性也許也較為開放。

由此可見，手掌溫度較高、乾燥，以及握手力道比較強的人，個性也較善於交際，就算積極接近對方、以較開放的方式與其溝通，通常也不會被對方厭惡。

相反地，手掌冰冷、濕潤、握手力道偏弱的人，個性較不善交際，須避免過於積極邀請對方，更需要慢慢花時間建構彼此的人際關係。

在日本，握手仍不是常見的舉動，通常在商務會談有一定的結論或是重要儀式時，握手的機會才比較大。無論是想活躍於國際的商務人士，還是有心儀的異性同事，都可抓準機會，試著利用握手判斷對方的性格。

Chapter

2

職場心理學

[進階篇]

從肯定自己做起吧！

沒有自信的人不會想挑戰新事物，但不勇於挑戰，工作就無法順利發展；發展不順利，就容易導致失敗；一旦失敗了，就更打擊自信心。究竟該如何擺脫這種惡性循環呢？

工作時缺乏自信，就不敢挑戰新事物，也無法提升自己的能力。如此一來，反而容易導致失敗，再次打擊自信心，形成惡性循環，而這種惡性循環稱為「往下迴旋」(Downward Spiral)。

一旦陷入這種長期反覆失敗、不管做什麼都不順利的情況，人們就會喪失動力，變得越來越難面對現況。美國心理學家馬丁・賽里格曼 (Martin E. P. Seligman) 的研究團隊，將這種現象稱為「習得性失助 (Learned Helplessness)」；也就是說，**無力感也是從反覆的經驗中學習而來**。

人在思考一件事物時，即使有多種可能性，大家往往都容易反射性認定其中一種想法不會有錯。這種情況則稱為「自動思考」，**經歷反覆失敗後，大腦也會自動負面思考，認為自己無法成功**。

陷入負面思考的連鎖惡性循環的人，其「自我肯定感」通常較低，對自己的評價也較差。所謂「自我肯定感」是自我認可自己存在價值的情緒，也就是肯定自己的感覺。**自我肯定感偏低的人也較缺乏自信，更容易陷入負面的自動思考，最後便喪失動力**。

雖然提升自我肯定感不是一項容易的事，但第一要務就是減少負面思考，不管遇到任何事情都試著正向思考吧！

此外，也可以挑戰一些較輕鬆的目標或簡單任務，成功後受他人讚賞時就大方接受，不必過於謙虛，學會欣賞自己才能提升自我肯定感。

缺乏自信時引發的連鎖惡性循環

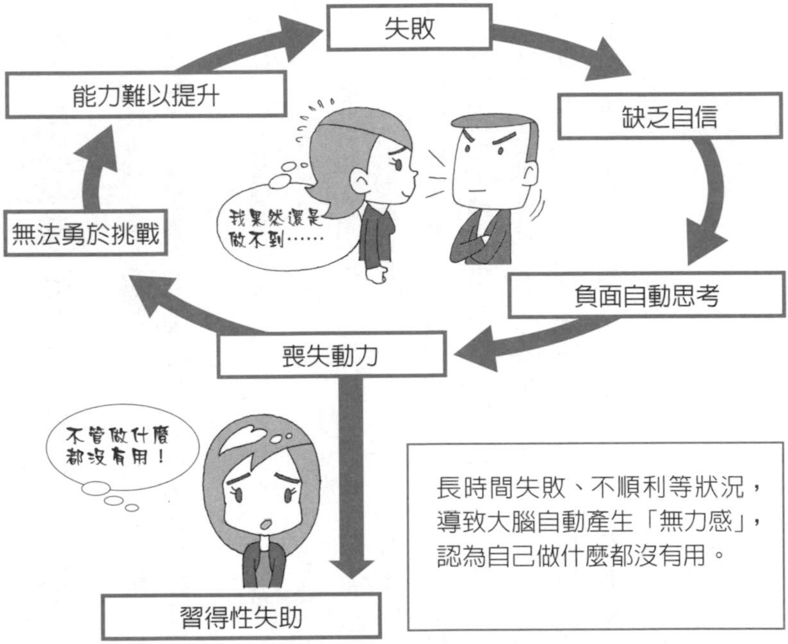

失敗

喪失動力
無法勇於挑戰
能力難以提升
習得性失助
我果然還是做不到……
不管做什麼都沒有用！
長時間失敗、不順利等狀況，導致大腦自動產生「無力感」，認為自己做什麼都沒有用。

提升自我肯定感吧！

欲擺脫連鎖惡性循環，首先必須停止負面自動思考，並學習肯定各種事物。此外，還可以試著挑戰較容易的目標，如果成功就大方接受他人稱讚，不用過於謙虛，學會欣賞自己。

沒問題！
沒問題！
你很認真呢！
我真的很努力！

學習正向思考
受到讚賞後更進步
試著稱讚自己

進階篇

先設定較容易達成的目標

人再怎麼期待結果，只要缺乏自信、不相信自己辦得到，就難以付諸行動。無論是工作還是職場的任何情況，都必須設定實際目標，才能提得起勁來努力。

有人認為公司的規範或目標應該設得越高越好，但設立得太高，反而無法激起幹勁。

加拿大心理學家亞伯特．班度拉（Albert Bandura）針對「目標達成」與「自信心」，提出以下理論。

首先，班度拉提到所有「行動」都具有可期待的「結果」，即為「**結果期待**」。舉例來說，減肥時可能會認為「每天運動2小時，1年就能瘦20公斤」，這就是「結果期待」。不過，在開始「行動」之前，究竟能不能真正地開始「行動」，才是最重要的問題。而檢視是否具有「持續1年每天運動2小時的自信」的想法，則為「**效能期待**」。

也就是說，就算認為可以變瘦的「結果期待」再怎麼高，只要認為每天運動2小時太困難，導致「效能期待」偏低，人就無法展開「行動」。

如果想激發幹勁，就必須具有符合「效能期待」的自信，班度拉則將這種自信心稱為「**自我效能感**（Self-efficacy）」。

那麼，想提升自我效能感＝自信心，進而訂定更遠大目標時，該怎麼做才好呢？

其實無論是工作或減肥都一樣，**不必一開始就貿然挑戰過於困難的目標，只要將這些事物分割成較簡單的目標或輕鬆的課題，利用這些較容易完成的目標，不斷累積各種成功經驗，就能提升自我效能感**。

提升自信心後，也較能勇於挑戰新事物，由此逐漸建立良性循環。

自我效能感與目標設定

結果期待與效能期待

人 → 行動 → 結果

效能期待（↑ 人 → 行動）

結果期待（↑ 行動 → 結果）

應該能持續 1 年每天運動。

每天運動，
應該就能瘦 20 公斤。

即使心裡很清楚只要運動就能瘦，但若是缺乏每天都能運動的信心（效能期待偏低時），就無法付諸行動。

↓

必須增加自我效能感（自信心），才能激發幹勁。

↓

目標太大就難以激發自己的效能期待。 → 劃分成更容易的小目標，並一一完成。 → 提升內心對自己的效能期待，進而產生幹勁。

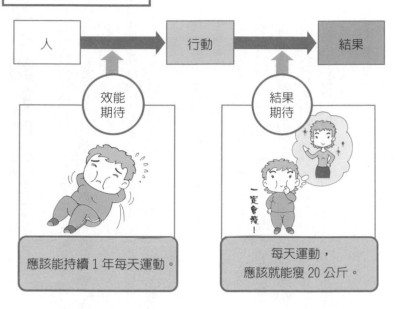

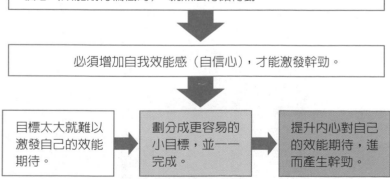

進階篇

提不起幹勁怎麼辦？

日文中有個「幹勁開關」的說法，也就是心理學的「動機」。糖果和鞭子這類外在動機只有一時的效果，必須利用內在動機產生興趣、擁有目標才行。

許多時候，就算知道不努力不行，但是卻仍然對工作提不起勁。這種「幹勁」就是心理學所指的「動機（Motivation）」。

動機分為好幾種，除了肚子餓了就想吃東西、睏意來襲就想睡覺等「生理動機」以外，還包括因自己的探索心、上進心而起的「**內在動機**」，以及業績提升就有獎金、下滑時就降職等「糖果與鞭子」引發的「**外在動機**」。其實，像這種以糖果與鞭子所構成的外在動機就算有成效，也無法維持較長的時間。因此，必須利用「內在動機」，激發自己對於工作的興趣與上進心。

話雖如此，總是有些工作令人提不起勁來吧！這個時候還可以利用一種叫做「Affirmation」的方式。這個詞有斷言、誓約的意思，也就是**宣誓要達成工作目標等約定，進而振奮自己的方法**。最好能夠在他人面前發表宣言（Publiccommitment），這樣更能因宣言的自我約束力，督促自己努力以避免失敗。在臉書或推特等網路社群發表宣言，也具有一定的激勵效果。

此外，也有**特意中斷目前的工作，或稍微先準備翌日的工作等方式**。相較於已完成的事物，人們較容易想起未完成的事項，所以不妨利用這種「**蔡格尼克效應**（Zeigarnik Effect）」，努力完成待辦事項，以消除事情未完成的緊張感。

兩種動機和其效果

除了「生理動機」之外，還包括因興趣、意志引發的「內在動機」，以及如「糖果與鞭子效應」產生的「外在動機」。

外在動機

因糖果與鞭子激發的動機

暫時的效果

內在動機

因興趣或意志引發的動機

較容易產生長期效果

提升幹勁的方法

斷言、肯定（Affirmation）

在別人面前宣告工作目標及方向，積極努力去達成。

蔡格尼克效應

特意中斷某項工作，讓自己處於事物未完成的緊張狀態，督促自己努力。

進階篇

失敗時的解釋相當重要

職場上的失誤往往會引發更大的問題，但人總是無法避免失誤；越是在失敗的時候，才越能理解一個人的真實價值。有沒有什麼解釋方式，可以化危機為轉機呢？

「因錯誤確認，導致顧客取消訂單」、「重複下訂，延誤與大客戶的會面時間」，這些都是職場上因小失誤所引發的嚴重問題。

不過，只要是人總難免會有些失誤。雖然失誤或失敗本身也有其問題，但最重要的，還是事後的處理。當然，我們必須迅速、真誠地解決每個問題，但是造成失誤、失敗當下的態度，則不僅會影響日後的工作，更大大左右了人際關係，必須小心謹慎。

在心理學上，探究原因的方法稱為「**歸屬理論**」，由此歸納出失誤、失敗的原因，若出自於自己以外的其他人及狀況、組織時，稱為「**外在歸屬**」；原因在於自己本身時，則稱為「**內在歸屬**」。

假設因趕不上出貨期限導致交易取消時，立即辯解或找藉口的人，大多屬於「外在歸屬型」，這類人會將失敗責任歸咎於他人，覺得自己沒有任何錯誤，說出如「是承包商未遵守期限」、「是客戶提出的期限太強人所難」等言論。另一方面，「內在歸屬型」的人則會將問題歸咎於自己的能力或工作進度，並說出像是「是自己未確實跟催」等原因。

「內在歸屬型」的人失敗時通常**不會找藉口，會乾脆地承認自己的過錯，即使犯錯，也能提升自己的評價**。

相對地，絕對不能說的辯解理由，則是心理學中「將防衛機制合理化」的言論，如「那個工作的效益很低，取消交易也不錯」等**將失敗正當化的言論，是最令人討厭的藉口**。

失敗時的辯解

外在歸屬型的解釋

將失誤或失敗的原因歸咎於他人或其他組織、狀況上，並不認為自己有錯，辯解的言論聽起來不夠乾脆。

內在歸屬型的解釋

將失誤或失敗的原因歸咎於自己能力或工作進度、不怪罪他人，反而因言論乾脆、果敢而使得評價提升。

防衛機制合理化型的解釋

防衛機制合理化是指利用一些看似合理的藉口，讓自己內心接受未完成的理由，但反而會讓言論聽起來像毫無根據的藉口，甚至降低自己的評價。

進階篇

如何改善恐慌情緒？

任誰遭遇極大壓力時，都可能會有腦袋一片空白、雙腳不斷顫抖等恐慌情緒。這時，可利用認知心理學的技巧來處理，有效改善問題。

你是否曾有過趕不上重要會議或突然發生狀況時，腦中一片空白的經驗呢？有些人可能還會滿頭大汗、雙腿顫抖、肚子痛，甚至頭暈目眩的現象，這些狀況稱為「**恐慌發作**」；人在感受到強烈的壓力時，身體就容易出現上述症狀。根據報告指出，約有超過四成的人曾有這種經驗，多數人即使不到發作的程度，也曾因極大壓力引發恐慌情緒。

那麼，遇到這種情況時該怎麼辦才好呢？過去，人們總認為要消除引發恐慌的壓力，就必須改變環境，避開令人緊張的場合，這是因為事件（Activation）的發生與結果（Consequence）息息相關所致。

不過，心理學家阿爾伯特．艾利斯（Albert Ellis）則提倡**ABC理論**，認為事物是經由思考方式（Belief）而產生。也就是說，我們可透過適當的情緒控制，改善這些痛苦情況。

在恐慌情緒看似要發生的階段，我們可利用「**迴避型控制**」，藉由深呼吸、觸碰身體，並說著「平常心、平常心」等話語，讓自己冷靜下來。不過，實際引發恐慌時，越告訴自己這種情緒只是錯覺，反而容易造成更嚴重的狀況。

我所推薦的方式，則是**將自己的狀況化為言語、承認自己感受到的痛苦，順從自己的情緒，才能成功改善恐慌**，這就是所謂的「**一人實況轉播**」。就算只是告訴身旁人們自己的緊張情緒，也有助於改善問題。

依 ABC 理論改變情緒

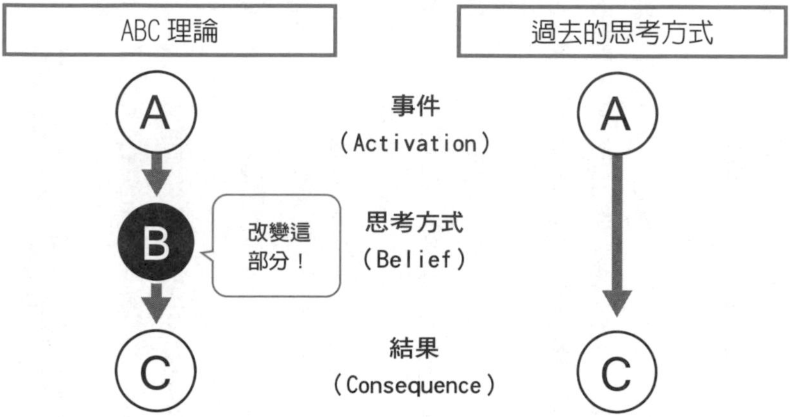

過去，人們多認為事件與結果息息相關。但認知心理學則認為兩者之間還多了「思考方式」這一環，只要改變這個部分，就有可能改變結果。

恐慌發作時的處理方法

迴避型控制

深呼吸或觸碰身體，不斷說著：「只是錯覺，保持平常心」，讓自己冷靜下來。此方式可有效改善初期恐慌問題。

一人實況轉播

將自己的恐慌化為實際語言，承認自己感受到的痛苦，改變認知，進而改善恐慌問題。告訴身旁的人自己的狀況也相當有效。

進階篇

理性、客觀地思考

遇到較複雜的業務或難題時，可利用邏輯性思考掌握整體架構，或是退後一步，以後設認知方式，客觀檢視自己的工作或業務。

隨著時代變遷，上班族的各項工作也漸趨複雜。相較於過往僅需專注於本業的型態，現代商務領域守規（遵守法律）、風險管理也逐漸受到重視，企業的管理（治理）能力更成為重要的一環。

正因業務內容日益複雜，「理性思考能力」已成為商務人士最不可或缺的能力。

發展心理學中的理性思考能力是指能夠組織、統整7至11歲的期間所學習的想法或思考的能力。而在商務領域中，理性思考的能力則與上述定義不同，一般多指「邏輯思考」。

簡單來說，就是要**簡化複雜的問題，並將其轉化為清楚的架構，讓任何人一看就能理解、掌握的技術**。

例如，「MECE（＝Mutually Exclusive Collectively Exhaustive）」指的是以「不遺漏、不重疊」劃分的思考方式分類資訊。這項技術源自「**金字塔原理**」，也就是依階層結構建立結論和根據，以掌握架構的技術。

另一方面，自己退一步以旁觀者角度，客觀地檢視自己平常的行為也相當重要，這就是心理學家布朗（A. L. Brown）及約翰・弗拉維爾（John H. Flavell）所提倡的「**後設認知（Metacognition）**」理論。能夠**客觀地檢視、觀察自己正在進行的工作或行為，才能夠解決問題、發現錯誤的認知**。

導入邏輯思考及後設認知，可有效協助解決日益複雜的工作業務。

邏輯思考的案例

邏輯思考是諮商與輔導常見的名詞，指的是簡化複雜的問題，並以明確的結構讓人一目了然、立即掌握的技術。

MECE (Mutually Exclusive Collectively Exhaustive)

以「不遺漏、不重疊」劃分的思考方式為原則來分類資訊，常用於商品企劃、選擇調查對象等追求完整資訊的時候。

金字塔原理

將結論、根據層層劃分，進而掌握問題構造的技術。各大重點以金字塔般的圖表呈現，較易理解，也能有效運用於簡報上。

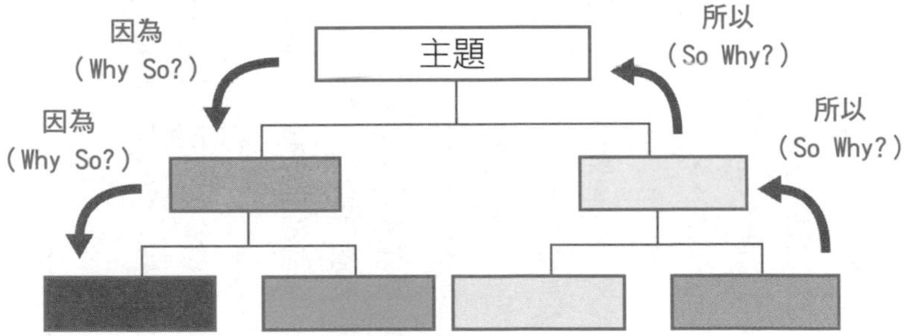

將各要素化為MECE

後設認知的順序

由心理學家布朗及弗拉維提倡的理論。客觀檢視、觀察正在進行的工作或行為，才能解決問題、發現錯誤的認知。

預測	檢視、觀察	判斷
預測現狀的癥結點及問題所在。	檢視、觀察現在的狀況，確認是否有任何問題。	發現錯誤認知或問題，並做出相對應處置。

善用記憶法

擁有宛如天才般記憶力的人，其能力大多是經由記憶法或訓練所得。現今，有許多記憶法已廣為人知，近年來更出現一些與應用心理學有關的記憶法，不妨活用於商務場合吧！

一次和好幾個人交換名片後，往往會忘記誰是誰，甚至也有過忘記合作公司聯絡窗口名字的情況吧？記憶力是商務往來中非常重要的能力。

那些能記得圓周率小數點後數字的人，或是能在短時間內記起大量人名的人，是否令人覺得特別呢？

其實，除了一小部分的人以外，每個人的記憶力並沒有太大差異。就算是被稱作記憶達人的人，絕大多數也是因為獨特記憶法或訓練而來。舉例來說，準備過法律相關考試的人，都知道「三妾占妻性恐髒」這句諧音的背誦技巧吧！（註：刑法第61條的記憶法：3年以下有期徒刑、竊盜罪、侵占罪、詐欺罪、背信罪、恐嚇罪及贓物罪）。也有人會利用「**聯想法**」，**將他人的臉想像成其他動物或動漫角色**來記憶。

最早的記憶法，要追溯至記住座位上所有人的古希臘詩人西莫尼德斯（Simonides of Ceos），也因此他被視為與場所有關的「**場所記憶法**」始祖。之後，又衍生出「**字鉤法**（Peg-word Method）」，就像將帽子、衣服掛在掛鉤上，將想要記住的目標彼此互相連結，也就是將要記住的對象與其被設定的字鉤印象結合。另外，也有用雙手手指幫助記憶的「**雙手指法**」等技巧，更可說是上述方法的身體應用版本。

此外，利用心理學的記憶法包括兩種，一為「**群組化記憶法**」，因為短期記憶大約可記7±2個項目，故將不超過9個的項目視為一組群組記憶；另一個則是「**故事法**」，利用長期記憶的情節創作成故事，幫助記憶。

各種記憶法

諧音記憶法	利用諧音轉換文字的記憶法，例如刑法第 61 條記憶法為「三妾占妻性恐髒」：指的是 3 年以下有期徒刑、竊盜罪、侵占罪、詐欺罪、背信罪、恐嚇罪、贓物罪）。
聯想法	利用聯想的印象記憶，如將人的臉孔看成是動物或其他動漫人物等。
群組化記憶法	將訊息以 7±2 個項目分割為一個群組來記憶，這是運用神奇數字 7±2 的方法。
數字文字替換法	將數字替換成音節文字（Syllabary）或英文字母，是以語言方式記憶的方法。
故事法	創作故事來記憶的方法，可以透過故事中的情節記住事物。
字鉤法	就像將帽子、衣服掛在掛鉤上，將一開始的印象與要記住的事物相互連結的記憶法。
雙手指法	將每個要記住的事物以雙手手指對應的記憶方法，也有使用身體部位的方法，為字鉤法的身體應用版本。
場所記憶法	將想記憶的標的擺放至熟悉的場所，與想要記憶的事物相連結的記憶法。

記憶法雖然是由經驗發展而來，但最近的神奇數字或記憶網絡、趣文逸事等記憶法，其實大量運用了心理學的知識及見解喔！

（可參考本社《圖解記憶法：給大人的記憶術》一書。）

激發創意、靈光乍現的契機

靈光一閃的創意點子，在商務工作上也相當重要。腦中突然閃現過去未曾注意到的想法，即為「頓悟體驗」，華勒斯更將創意誕生的過程分為四大階段。

至今一直無法解決的問題，卻在某一刻突然將原本看似毫無關聯的所有資訊組合起來，一口氣掌握解決問題的關鍵，這是一種解決問題的「洞察」行為。

完形心理學家沃爾夫岡・苛勒（Wolfgang Kohler）在黑猩猩的籠外放置了長棍棒及香蕉，並將較短的棍棒放在籠子內。一開始，黑猩猩無法成功利用短棍棒拿取香蕉，靜待一陣子後，黑猩猩像突然想到什麼般，用短棍棒撈取長棍棒，再用長棍棒順利取得香蕉。

此外，這項實驗也將香蕉吊掛在天花板上，有時猩猩也會突然做出過去未曾做過的動作，如堆疊箱子再爬上去拿香蕉等行為。

這些解決問題的行為都是突然發生，並未經過多次測試失敗，故無法以經驗主義的學習理論說明。因此，苛勒認為黑猩猩也有創造性思考能力，並導入「洞察」的概念。

就像上述例子般，腦中突然靈光乍現，想到過去未曾出現過的想法，卡爾・布勒（Karl Buhler）將其命名為「**頓悟體驗**（aha! experience）」。

另一方面，美國的心理學家華勒斯（G. Wallas）則將靈光乍現的創意，分為以下幾個階段：**設定主題及反覆測試的**「準備期」、**下意識思考的**「孵化期」、**突然靈光乍現的**「啓示期」，**以及驗證這些想法的**「驗證期」等**四大階段**。即使在商務場合中，不少新創意及商品也需經由這四個階段產生。

激發創意的過程

何謂頓悟體驗？

卡爾．布勒（Karl Buhler）將人的「啊，對了！」這種突然靈光乍現經驗，稱作「頓悟（aha）體驗」。

華勒斯創造性思考的四大階段

美國心理學家華勒斯將大腦中激發新創意的過程以四個階段分別說明（如下圖）。根據這個機制可得知「靈感」不會突然浮現，而是需要在第一個階段先累積知識，並以此知識孕育出想法。因此，有一派說法認為填鴨式學習會抑制人的創造力，也可說創意必須基於知識的學習，並搭配妥善的運用才能誕生。

第1階段	第2階段	第3階段	第4階段
準備期	孵化期（加熱）	啓示期（靈光乍現）	驗證期

蒐集知識、資訊，以備之後的問題解決之需。	在無意識間孵化這些知識、資訊，激發出想法。	腦中如受到啓發般，突然浮現新創意。	檢驗創意，並加以實現。

商務往來也需要高EQ

IQ是檢測智力的指標數據之一，但IQ高的人，並不代表就有較好的創造力，也不一定較優秀、較能適應社會。近年來，無法用IQ測得的EQ也逐漸受到重視。

一般認為以IQ為首的智力鑑定，主要側重於語言、記憶力、計算能力、圖形處理等認知技巧，但也逐漸有說法認為，較實用、較符合社會需求的智力卻無法透過該測驗得知。其實，比奈智力測驗（Stanford-Binet Intelligence Scale）的30個項目中，除了認知技巧以外，更加入了較實用又符合社會需求的問題，如金錢使用方式、結繩方式、遇到問題的處理方法等。不過，在之後的修訂版本，這些問題卻遭到刪除。

多數智力測驗的問題早有固定答案，且難以測得如吉爾福特（J. P. Guilford）所設計的「擴散性思考能力」般，較具創造力活動的基礎智能；而IQ高的人，也不一定具有較高的創造力。

然而，我們往往將「智商較高的人」視為「頭腦很好的人」。實際上，IQ高未必能適應社會；而IQ低者，也有不少社會成功人士。

近年來，丹尼爾・高爾曼（Daniel Goleman）提倡的情緒商數（EQ）雖無法透過IQ測驗得知，但也有**越來越多人認為與情緒相關的能力，也是智能的一部分**。

EQ由5個向度所組成：察覺自己真正情緒，做出合理判斷的能力；抑制怒氣及衝動，控制情緒的能力；樂觀看待事物，為達成目標自我激勵的能力；理解他人的立場，體諒他人情緒的能力；保有團體中的協調性，建構合作關係的人際處理能力等，這些都是商務場合中不可或缺的重要能力。

EQ 是什麼？

與情緒有關的情緒商數

有些人 IQ 極高，卻無法妥善適應社會；
也有不少人 IQ 雖低，卻相當成功

↓

必須掌握 IQ 無法測得的情緒相關數據

↓

高爾曼推廣情緒商數 EQ

↓

EQ 成為受矚目的人性豐富程度指標

情緒商數 EQ（Emotional Intelligence Quotient）是什麼？

情緒商數（EQ）	EQ能力組成要素	自我覺察	察覺自己真正的情緒，做出最合理判斷的能力。
		自我管理	抑制怒氣與衝動、控制情緒的能力。
		柔軟度	樂觀看待事物，訂立目標並努力的能力。
		同理心	理解他人立場、體諒他人心情的能力。
		社交覺察	維持團體中的協調性，建構合作關係的人際處理能力。

進階篇

提升溝通技巧

所有事情都用信件或LINE交代，一旦產生誤會，反而會無法收拾。不妨加強磨練溝通技巧，重要的事務就直接面對面交談吧！

最近拜通訊軟體發達之賜，就算是同部門同事間，也僅用電子郵件或LINE聯繫，甚至也有越來越多員工不會接起電話。

電子郵件或LINE這類的訊息工具，因無須直接與人面對面接觸，心理障礙較低，也有不受限於時間，並可留下紀錄等優點。不過相對地，**一旦文字上的情緒表達出現落差，就可能衍生出無法控制的嚴重後果**。

當人們僅能利用有限資訊推測對方想法時，就很容易出現稱為「**妄想性認知**」的錯誤推斷，因而非常可能產生誤會。

例如通訊軟體具即時性的特性，因此當對方未立即回覆或已讀不回時，也很容易造成如「訊息內容是否有問題」、「對方是不是不想理我」等不安與焦慮的情緒。

為了避免這類問題的發生，就**必須妥善瞭解數位溝通模式的優點及特性**。

舉例來說，先利用郵件確認對方的口頭約定，留下紀錄後，再直接見面談定合約最後部分。而從郵件衍生的問題，只要能夠面對面討論，也往往會發現其實沒什麼大不了，馬上就能解決。

至於對同部門的同事也以電子郵件聯繫，甚至無法接電話的人，常被認為較害羞，但這些人大多只是實際溝通技巧較不足罷了。通常只要多參加公司的活動或擔任聚會的主辦人，提升自己的溝通技巧，就能改善欠缺溝通能力的問題。

數位溝通的利與弊

優點	缺點
・較容易表達想法	・容易只有單向溝通
・口條不好也無妨	・易忽略地位和關係問題
・消除外表造成的偏見	・無法掌握對方情緒或反應
・隨時都可傳送	・易因未回信或未讀取產生不安
・留下紀錄作為依據	・留下不利的紀錄
・無須在意旁人的眼光	・較無法注意他人想法

如何提升溝通技巧

● 確實傾聽　　正向回應他人的善意

● 秉持自信談話　　用清晰較大的音量說話

● 整理待表達的內容　　以清楚易懂的簡單文字表達

● 注意姿態及態度　　訓練非語言溝通技巧

可擔任聚會的主辦人、參加公司活動等，盡可能增加自己的溝通機會。

Column 3

•

有八成的職業生涯是偶然 !?

即使努力讀書，進了自己想讀的大學，又在求職時進入自己想進的企業，也不一定能被分配到喜歡的部門。史丹佛大學心理學系所主要研究職業選擇及職涯規劃的克倫伯特茲教授發現，美國已工作人口中，僅有 2% 的人成功從事其 18 歲時想從事的職業。他認為職涯規劃過程中，除了與生俱來的素質、環境條件、經歷的事物、學習經驗、對學習主題的熟悉度會影響一個人的職業以外，也不可忽略偶然的機遇。調查社會成功人士的職業生涯發現，有八成的人都曾受到偶然的機遇或出乎意料外的邂逅所左右。根據這個調查結果，克倫伯特茲也提出了「計畫性機緣理論（Planned Happenstance Theory）」，認為想提升自己的職涯成就，可試圖計畫性地創造偶然機遇。

以下便是創造機緣的 5 個行動指標：

1、好奇心　　持續摸索，找出學習新知的機會

2、持續性　　不畏懼失敗，持續不斷地努力

3、柔軟性　　任何狀況或偶發事件都能妥善處理

4、樂觀性　　將預期外所發生的事件視為一個契機

5、冒險心　　即使無法確定結果，仍會展開行動

也就是說，抱持著這些行動指標持續努力，總有一天，偶然的機緣就會降臨。無論你相不相信這種偶然的機緣論，只要遵守這 5 個行動指標，或許能協助自己提升職涯成就。

Chapter

3

職場心理學

[會議 · 交涉篇]

如何讓會議更有意義？

越多人參與的會議就越難發言。與會人數一旦變多，就容易出現偷懶的現象，必須讓每個人負起自己的職責，並讓與會者事先準備好想法再出席，避免偷懶的問題！

明明有許多人參加，並花了好幾個小時開會，卻往往無法激發出任何創意。都有這麼多人與會了，為什麼連一個好的想法都沒有呢？

一般來說，大家都會認為兩人勝過一人、三人勝過兩人，只要參與的人越多，工作應該就會更順利。然而現實卻不是這樣。

馬克西米利安．林格曼（Maximilien Ringelmann）曾經實際測量不同人數拔河時，每個人分別出了多少力量。結果顯示，**相較於一對一的拔河比賽，參加人數越多，每個人出的力道就越小。**

美國社會心理學家畢博．拉丹內（Bibb Latane）等人的實驗也顯示了相同結果。當要求受測者盡可能發出較大聲響或用力鼓掌時，如果人數越多，每個人發出的聲壓就會越小。

這個現象稱為「社會惰化」，**一個團體規模越大，就越難以針對個人加以評價，當工作又較無趣時，容易讓人覺得自己沒有認真工作也沒關係，進而開始偷懶。**因此，可量化每個人工作量或工作內容較有趣時，就較不容易發生這種偷懶的現象。

也就是說，在會議前讓每個與會成員清楚瞭解自己的職責，並請他們事先準備會議的意見發表，就能讓會議更順暢。如此一來，不僅能防止團體中的偷懶現象，還能減少時間的浪費。

社會惰化的實驗

拉丹的實驗

要求受試者盡可能發出較大聲響或用力鼓掌，發現當實驗受試者越多時，每個人所發出的聲壓就會越小，如右圖所示。

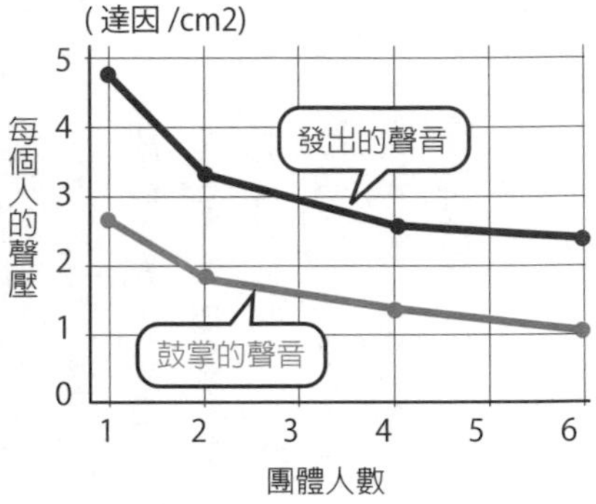

受試者增加時…… ➡ 每個人就容易偷懶

與會者增加時……

與會者增加時…… ➡ 每個人就容易偷懶

即使是商務會議，只要參與人數越多，就越容易出現每個人都不發言的「社會惰化」現象。必須事先讓與會者思考意見並告知需在會議上發表，才能讓會議更有意義。

哪一個位置才能主導會議？

其實，會議中的座位反映出與會者之間的心理距離或地位。運用史丁札效應選擇座位，也能有效主導會議。

會議中，看似早已決定好的座位，其實深受與會者心理距離及位置關係所影響。

舉例來說，**領導者或會議主席大多會選擇可看到所有人，而且也較能聚集眾人目光的座位**，如左頁上圖中的座位A或C，特別是距離門口較遠處，也就是所謂的「主位」。此外，坐在座位A者，一般具有較強的領導能力，而C則是注重人際關係的領導者座位。

換言之，A多為領導者的座位，C則是副領導者的位置。而距離領導者較近的座位B或D，多為與他意見一致者所坐的位置，而坐在距離領導者較遠，並離門口較近的座位B或D，通常發言較為消極。

上述情況為常見的座位順序，若想在重要會議掌握主導權時，不妨思考一下如何選擇自己的座位。

研究小團體心理的美國心理學家史丁札，歷經了50年觀察、研究後發現以下幾項有趣的法則：「互持反對意見者大多對向而坐」、「一人發言後，下一位發言者多與其有不同的意見」、「議長的領導能力較弱時，多會與對向的與會者交談；但領導能力強的議長則較會與身旁的與會者交談」。

善用這些原則，當希望在會議上通過某些提案時，可試著**讓與自己意見一致者坐在自己的對面，並安排意見相左者坐在自己身旁**。如此一來，坐在身旁的與會者也較難說出反對意見。

有效主導會議的座位安排

Ⓐ：距離門口較遠的是領導者或議長的座位，欲掌握主導權時可選擇此位置。

Ⓒ：距離門口較遠處為重視人際關係的領導者或議長的座位，若議長已選擇Ⓐ座位時，Ⓒ便為副領導的位置。

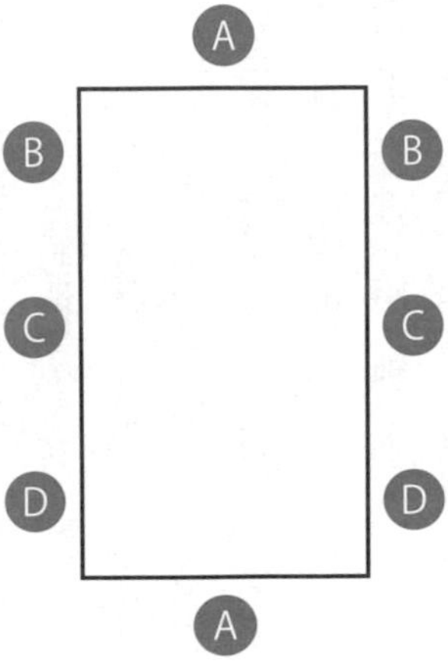

ⒷⒹ：可安排自己希望能自由發表的意見者坐於此處。坐在距離門口較遠、離領導者較近者，通常與領導者持有相同意見；而距離門口較近者多為消極與會者。

史丁札效應示意圖

美國心理學家史丁札所提倡的會議座位，可簡單以下圖呈現。對向而坐多為對立關係，相鄰而坐者通常意見較為一致。

簡報是一種說服他人的溝通技巧

心理學中，簡報就是一種說服他人的溝通技巧。大腦中共有兩種資訊處理路徑，並依每個人聽到訊息的理解度而異，因此簡報內容不但要容易理解，還需搭配專業認證。

簡報是商務上不可或缺的重要能力，也是一種讓聽眾接受自己想法的技巧。在心理學中，利用話語改變對方態度或想法的行為稱作「說服」；而為了說服他人所使用的溝通技巧稱為「說服的學習傳播模式」；因說服而產生的變化則稱作「態度的改變」。商務場合中所使用的簡報，也是一種「說服」的技巧。

與說服有關的古典理論中，則以卡爾．霍夫蘭德(Carl I. Hovland)等人所提出的「**訊息學習理論**」最廣為人知。其認為訊息內容經過「注意」、「理解」、「接受」、「記憶」等一連串的學習過程，最後反映在接收者的態度。

然而，曲裴帝(Richard E. Petty)和卡喬波(John T. Cacioppo)卻認為，有時候即使聽眾不理解內容或無法記住訊息內容也能被說服，並提倡「**慎思可能模式**」(Elaboration Likelihood Model，簡稱ELM，如左頁的圖表)。

所謂的「慎思」，就是思考訊息內容、仔細斟酌，並依據是否打算思考的動機，以及是否具有思考能力等條件，改變資訊處理的路徑。

例如，慎思的動機及能力越優越的人，就能透過「中央路徑(Central Route)」處理資訊；反之，較缺乏這類能力或動機的人，則會透過「邊緣路徑」，如專家意見等參考訊息，再以直覺判斷。

從這兩種資訊處理模式來看，簡報時**必須準備清楚易懂、可供聽眾慎思的內容，更需加上專家資訊等專業資料佐證**。

慎思可能模式

對於來自他人欲說服自己的溝通內容，
加以思考（慎思）的動機及能力

有

中央路徑

慎思對方訊息內容並判斷

對方所說的內容
是否正確？

無

邊緣路徑

從周圍線索（如對方地位、
態度等）判斷

該領域權威教授所說的，
應該不會有錯吧

無法判斷時，則會同時依循中央路徑
及邊緣路徑斟酌、思考後判斷

主要經由中央路徑
所接受

持續性的態度變化

接受訊息後
維持一段時間

主要經由邊緣路徑
所接受

不安定的態度變化

雖然接受訊息，但較容易
為暫時性的變化

不接受

無態度變化

不接受訊息

簡報成功的訣竅

想要簡報時充分展現才能，除了要放鬆自己以外，準備時更需著重「個人特質」、「計畫」及「簡報技巧」等「簡報3P力」。

想要簡報變得更成功，首先必須放鬆自己，發揮平常的實力即可。然而，當過於恐懼失敗時，往往會被內心的壓力所擊垮；可利用奧運比賽選手常使用的精神訓練法改善、避免。

改善方法有三種，一為「**放鬆法**」，首先是面帶微笑或深呼吸，讓肌肉緊繃約5秒左右後，再一口氣放鬆10秒，並重複相同步驟以放鬆肌肉；二則是想像簡報相當成功的「**想像訓練法**」；而第三種方法是「**精神彩排法**」，想像簡報時的各種情況，再思考被提問時要如何回答、應對。此外，也可讓自己不要太在意評價，告訴自己即使失敗也沒關係。

接下來所要說明的，則是簡報中非常重要的「3P」能力，其中包括了「**個人特質**」(Personality)、「**計畫**」(Program)，以及「**簡報技巧**」(Presentation Skill)這三種能力。

首先，個人特質所指的是每個人的個性、習慣或人格等特徵，也就是要讓聽眾接受自己，因此必須改善第一印象（第22頁），提升好感。事先準備一些笑話拉近彼此距離，也是呈現個人特質的方法之一。

接著則是「計畫」，可依主題的大綱及細節關係利用SDS（Summary、Detail、Summary）或是PREP（Poin、Reason、Example、Point）等簡報技巧，此二者都利用了心理學中的初始效應及新近效應，並於簡報**一開始及最後處列出重點**。

此外，還要搭配Power Point等**視覺簡報技巧**。

如何活用精神訓練技巧

覺得自己快承受不住壓力時，可有效活用奧運選手也會使用的精神彩排法改善。

放鬆法	笑容、呼吸法、肌肉舒緩法等
想像訓練法	想像簡報成功的情況
精神彩排法	預想簡報時的場景

簡報的「3P」能力

以下的「3P」能力是簡報成功與否的關鍵

個人特質
(Personality)

即每個人的個性或人格特質。要使聽眾接受自己，必須努力提升好感度，讓第一印象更理想。

計畫
(Program)

可依據簡報內容使用 SDS 法的「大綱—細節—大綱」方式，或是 PREP 法的「重點—理由—具體案例—重點」模式計畫簡報順序，兩者都利用了心理學中初始效應及新近效應，並於簡報一開始及最後處列出重點。

簡報技巧
(Presentation Skill)

指的是有效率的傳達技巧。必須加強簡報相關技巧，如更熟悉 Power Point 等簡報軟體的視覺技巧等。

「先發制人」讓談判更有利！

談判的鐵則，與運動或遊戲等比賽一樣，都必須「先發制人」。最先提供數字等資訊的人，就能以此為基準，進一步讓自己掌握談判優勢。

商務往來中有幾項必備的守則，其中在談判時最重要的，就是「先發制人」了。這個守則，在體育或其他賽事的世界是眾所周知的常識，而在商務往來上也相當有效。也就是說一旦被對方掌握先機，往往就只能被牽著鼻子走，到交涉結束時，仍然無法達到自己的要求。

談判時，自己必須比對方更早提出要求或條件。這是因為**最先提出的要求，可作為談判的標準**。當自己提出的數字成為雙方衡量的標準，對方就不會提出與自己的預算差距過大的數字。

舉例來說，假設我方希望能夠將某筆訂單開價在100至120萬日圓左右，若是對方先提出了90萬日圓的價格，那麼我方就無法將售價提高到120萬日圓，頂多將費用提高至100萬日圓的預期範圍內。

相對地，若我方先提出130萬日圓的報價，對方也無法將價格砍到90萬日圓，最後往往會答應付120萬日圓，我方也足足多出了20萬日圓的收入。

其實，美國西北大學教授Adam Galinsky曾調查過顧問公司及新進員工間的薪資談判過程，發現先提出期望待遇的員工，通常能獲得較高的薪資。

當然也有無法順利進行的時候，但是即使遇到這種狀況，先提出條件的人也可以適時地表現出，自己能夠接受對方要求降低預算的態度，如此就在心理上形成有利的降價效果。

商務談判的「先發制人」法則

商務上的談判與運動或任何賽事一樣，都須掌握「先發制人」的關鍵。先提出「數字」者，會讓此數值成為雙方談判時的標準，進而掌握主導權。而數值不僅限於金額，也可與日期、數量等條件有關。

主管取得先機時

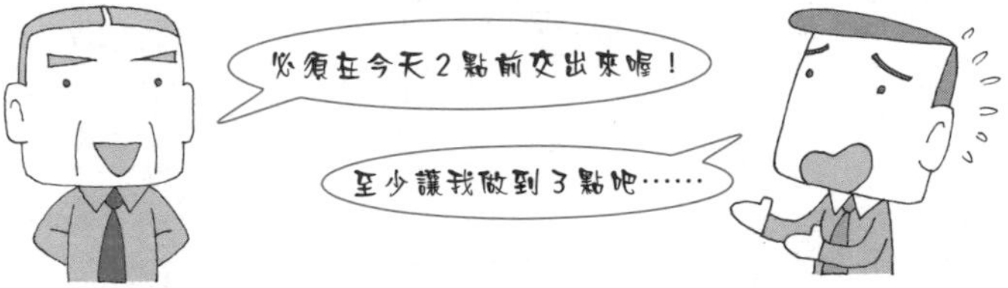
必須在今天2點前交出來喔！
至少讓我做到3點吧……

從結果來看，
產生了1小時的落差

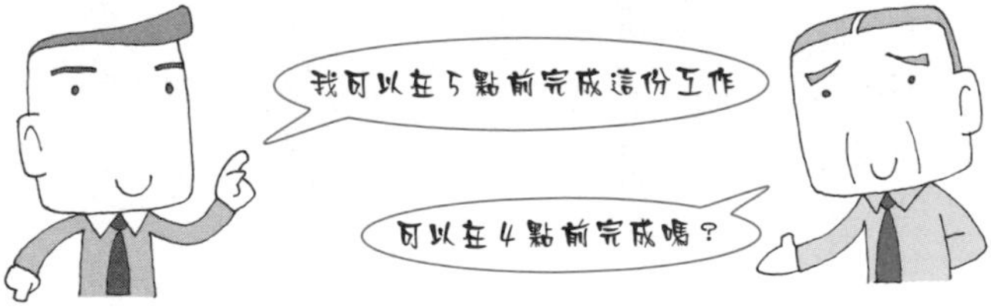
我可以在5點前完成這份工作
可以在4點前完成嗎？

自己掌握先機時

即使數字談判失敗，也會讓對方認為先提出條件的自己已有讓步，進而處於心理上的優勢。

利用多數意見讓人接受

獨自一人時明明能做出正確判斷，但一群人共同決定時，反而會迎合其他人，做出「從眾行為」，甚至將明顯錯誤的選項視為正確答案。

你是否有此經驗？因為自己的意見與周遭眾人不同而感到不安，最後改變自己的意見呢？

人只要生活於團體中，就會受到來自團體的壓力，不自覺做出配合周圍的言行舉止。這樣的行為在心理學上稱為「從眾行為」，這是由心理學家所羅門・阿希（Solomon E. Asch）進行以下的實驗後提出。

實驗是以7～9人為一組，首先出示作為標準長度的線條後，要求受試者從三條線中選出一條與標準長度一樣長的線。結果發現一個人獨自挑選時，答對的機率約有99%。不過，當受試者以外的所有人皆為暗樁，並故意選擇錯誤的線條時，受試者便會配合錯誤的答案，正確率降低至68%。

這個實驗顯示，從眾行為只會發生在所有人選擇一致時，但日後的類似研究則指出，相關數據也可創造這種效果。例如告知約有75%的人接受某種結果，對方贊成該項議題的可能性也較高。

若在公司內部會議或提案時，希望他人接受自己的意見，就可以妥善利用這個效果，利用如**「已經有四分之三的地方實施這個方案」**或**「八成的人都這麼認為」**等**方式說服與會者**。尤其在從眾行為較顯著的日本，這個效果會更加有效。

順帶一提，當自己為少數意見時，則可利用「少數影響」技巧的**Hollander的觀點**或**Moscovici的觀點**等方式（如左頁），讓具領導特性的人發言，或持續強調自己的主張，瓦解多數人的意見。

順從團體的心理

阿希的從衆實驗

右圖中哪條線與左圖 A 線一樣長？

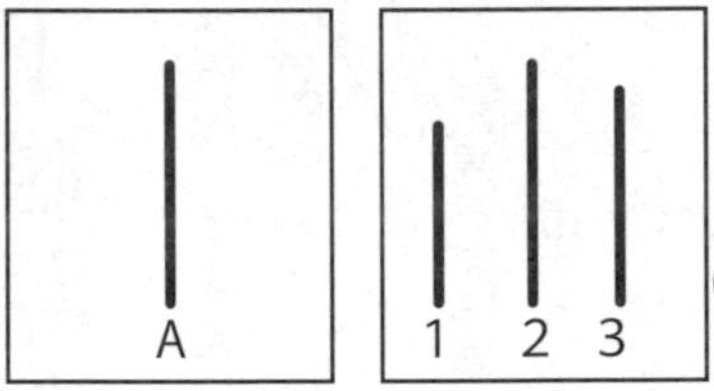

標準長度　　比較長度

安排 7 ～ 9 人一組的團體，在右圖 1 ～ 3 中，挑選與左圖 A 線長度相同的線條

除了受試者外，所有人都選 3

暗樁中有 1 人答對

1 人作答的正確率為 99%

正確率為 68%

正確率為 94%

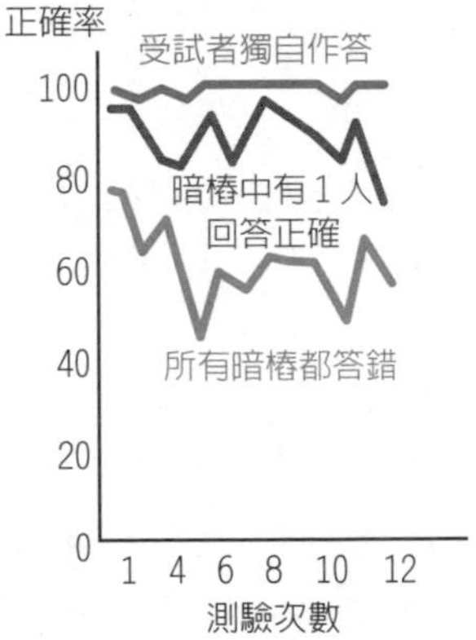

少數影響

Hollander 的觀點

由少數派中受人信賴的領導者發言，讓多數派產生如「既然是那個人說的，那應該沒有錯」的想法，瓦解多數派的意見。

Moscovici 的觀點

少數派不斷堅持自己的主張，讓多數派認為「或許是我們自己搞錯了」，進而瓦解多數派的意見。

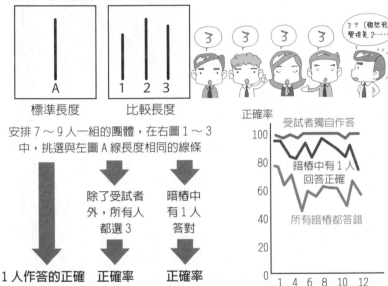

當下傾聽對方的不滿

業務往來時，不少客戶會因說明不清楚或說話方式而不滿，若當下未妥善處理，客戶的不滿常會隨著時間擴大。因此，最好的方式是讓對方儘早說出可能他們也尚未察覺的不滿或需求。

當業務往來或談判的結果不如預期時，除了商品或服務本身的魅力之外，也可能還有各式各樣的原因可供推敲。若因價格、交期等條件而影響結果，我們往往也較能夠理解。

不過，若是受說明不夠清楚或是說話方式與態度的問題影響，又該怎麼辦呢？

舉例來說，簡報時若對方心中默默想著：「光是口頭說明還是難以理解，如果能帶樣品來就好了。」幾天後再與對方聯絡，對方可能因當時的不滿持續擴大，而給予如：「好歹也帶個樣品來吧」的回應。當我們聽到這樣的回應，心中可能會想著：「你為什麼不早說！」這是因為**對方一開始也並未明確感受到這些不滿情緒，而是隨著時間逐漸累積而成**。

也就是說，**在業務往來時，必須多加努力，才能注意到客戶自己也尚未察覺的需求或不滿**。此時，只要讓對方吐露不滿即可。接著，在補充說明之後，請務必詢問對方是否有任何其他問題。若對方回答「沒有」，也不能讓談話就此結束，而須提出「我認為自己在說明上有些不足的部分」等想法，來尋求對方的評價，並試著找出任何不滿情緒。

如此一來，只要對方說出類似「如果有樣品就好了」等回覆或吐露任何不滿，就算成功了。

根據報告顯示，**約49％的人只要吐露負面情緒，心情就會變得較為舒暢**（如左頁）。**即使無法解決問題，也必須讓對方吐露自己內心的不滿**。

為什麼不能忽視他人的不滿

人的不滿情緒會隨著時間而加劇

即使一開始只有些微的不滿，但卻會隨著時間而越演越烈，必須要多加留意，問出對方內心潛藏的不悅，儘早消除其內心的負面情緒。

問出客戶自己也不一定能察覺到的不滿！

根據德州大學詹姆士・潘納貝克（James W. Pennebaker）博士的研究報告，約有 49%的人在吐露心中不滿等負面情緒後，就能得到滿足。

必須讓對方儘早說出心中不滿

如何妥善處理客訴？

隨著消費者意識的抬頭，客訴件數也持續攀高；只要不是惡意投訴，每位顧客的意見都是各大企業的珍寶。因此，處理客訴時，必須貼近顧客的心情。

近年來，各大企業的客訴件數持續攀升，電視上也常看到不少公司召開的道歉記者會。這是因為「**守規**(Compliance)」及「**問責**(Accountability)」（即遵守法律和說明責任）現象的普及，導致社會大眾對企業的審核變得更加嚴格所致。除此之外，因消費者意識的高漲，越來越多企業也不得不面對各種客訴問題。

也有人認為這是因為現代人普遍壓力較大，越來越易怒，因此導致客訴件數增加。

由於內心的期待遭受背叛、需求無法得到滿足時，就會因此引發生氣等情緒，甚至還可能會伴隨攻擊行為；也就是說，一旦「品質不良」或「店員態度不佳」等第一層的不滿情緒出現後，就會隨之產生攻擊行為的第二情緒。

因此，在處理客訴時，首先必須**徹底當個好聽衆**，以理解其怒氣。接著，**需要確認引發不滿情緒的第一感情原因**，再檢視造成客戶不滿的情緒及原因，進而提供解決方案。雖然，此時必須展現出最高的誠意，但從遵守法律的觀點來看，客訴處理嚴禁超出一般的社會常理或通則。而且，提供解決方案並不代表客訴處理已告一段落，最後建議**仍須再次道歉並表達感謝之意，才能貼近顧客的心情**。

先不論以金錢或發洩情緒為目的的惡意投訴者，**若是能妥善處理一般顧客的客訴，這些顧客就會成為回購率極高的優質顧客，其意見也能成為商品開發時的重要提示**，必須小心留意。

如何妥善處理客訴

1、先傾聽，瞭解其心情

首先必須理解對方的心情，可試著以「造成您的不悅，我們深感抱歉。不曉得是否能聽您說說問題呢？」的方式表達。

2、確認客訴的原因

冷靜掌握事情發生經過及狀況。必須正確掌握以下資訊：在何時、何處發生這些問題？發生什麼狀況？顧客對於哪些部分感到不滿？

3、提供替代、解決方案

確認事情發生的經過並研擬對策，此時必須儘早提供「解決方案」或「替代方案」。在提供「解決方案」時，必須展現出最大的「誠意」，以獲得顧客的信任感。不過，也要避免採取嚴重超出、破壞社會通則的處理方式。從遵守法律的觀點來看，也須盡量避免不合常理的要求。

4、表達歉意與感謝

提供解決方案後，不能認為客訴處理已告一段落，還需說出如「這次造成您的不便，真的感到非常抱歉」這樣的回應，再次對此次事件誠懇致歉。

Column 4

•

與重要客戶見面，不能選擇星期三！？

為了預防發生人際關係的問題，必須避開星期幾與人見面呢？常聽聞「Monday Blue」一詞，指的是當每週起始的星期一來臨時，人往往都會產生憂鬱情緒，甚至還會引發身體不適。在日本，每週日傍晚看了動畫「海螺小姐」後，就感到假日已經結束，因而引發名為「海螺小姐（サザエさん）症候群」的鬱悶情緒。曾犯下開槍掃射事件的美國女高中生Brenda Spencer，當被問到為何要開槍掃射衆人時，她只回答「因為我討厭星期一」，此事件也製作成歌曲及電影。從這些現象來看，大家應該會認為星期一最容易引發問題吧？然而，根據愛荷華大學Steve Duck教授的調查顯示，一星期中最容易引發口角的，竟然是星期三。而大家認定最容易發生口角問題的星期一，反而比其他日子引發的口角次數還要少。

星期一為一週的開始，每個人都會在週末盡情放鬆，同時重新整理紊亂的生活節奏，讓星期一能有種煥然一新的新鮮感，導致週一口角次數較少。也可能是因為這一天為每一週的新開始，衆人也會較緊繃，並隨時注意自己的發言。無論原因如何，一旦到了一週的一半，也就是星期三時，這種新鮮感逐漸減少，緊繃情緒也較為緩和，口角次數也較容易增加。也就是說，若想避免人際關係上的衝突或問題，必須避開在星期三與人見面。當必須進行重要的簡報或與客戶談判等重要商務場合時，請盡可能避開星期三較為理想。實在難以避開時，就請更小心留意各種狀況。

Chapter 4

職場心理學

[銷售篇]

銷售篇

設定價格來掌握顧客

同樣的商品降價20日圓，以1980日圓販售，銷售量不減反增；而精品提高價格，反而更能增加銷售量。利用心理學，設定商品能暢銷的價格吧！

一般在日本超市中，常見到198日圓這種近乎整數的價格標示。雖然與200日圓只差2日圓，但卻給人100多日圓左右很便宜的感覺。其他國家也一樣，歐美常用99、日本則用98的數字，這被稱為「**心理的價格設定**」。實際上，法國的研究報告發現，當商品售價尾數用99來販售的時候，銷售意外增加了15%。

另一方面，從金字塔頂端的有錢人來看，精品有價格越高越受到青睞，且需求也隨之增加的傾向，托斯丹·凡勃倫（Thorstein B. Veblen）認為這有炫耀的心理因素存在，並稱之為「**炫耀性消費**」。

事實上，一般人在比較兩個一樣的商品時，價格故意訂高的那個反而會有高級感。為什麼呢？這是基於「**價格越高，品質越好**」**這種容易浮現腦中的觀念來判斷的緣故**，稱為「**啓發法**（Heuristic）」（譯註：解決問題時會簡化、概略化規則及方法。相較各方面仔細分析、謹慎評估後才判斷的系統性思考，此方法只要符合幾個簡單的規則就能判斷）。

當1000日圓的拉麵賣500日圓時，人們會因覺得便宜而購買，但5000日圓的法國料理，即使賣4500日圓，卻感受不到有便宜的吸引力。這是因為**商品價格是相對的，會依據主觀價值判斷的「基準點」不同，而有所變化**。如同份量不多的冰淇淋，盛裝在較小容器時看起來很多，即使貴也會買的道理一樣，因為被主觀的判斷所影響了。

這就是運用心理學的行為經濟學（Behavioral Economics），研究這方面的消費者行為，並運用於行銷策略中。

隨心理因素變化的價值

明明不論選哪個，都便宜 500 日圓

1000 日圓的拉麵打折變 500 日圓時，就覺得划算想買；
而 5000 日圓的法國料理改賣 4500 日圓時，並不覺得有吸引力。

商品價格是相對的，會依據
主觀價值判斷的「基準點」不同，而有所變化。

視覺效果也會改變價值

芝加哥大學奚愷元（Christopher K. Hsee）教授，分別用 10 盎司和 5 盎司的杯子裝 8 盎司和 7 盎司的同口味冰淇淋，並詢問消費者願意購買的價格時，發現他們只願意出 1.66 美元買 8 盎司的冰淇淋，而客觀上價值較低的 7 盎司冰淇淋則為 2.26 美元，反而取得較高價格。

1.66 美元　　主觀的價值　　2.26 美元

主觀的價值僅用視覺效果就能改變。

利用限制，激起顧客興趣

被命令的事就不想做，被禁止的事反而更想做。「會員限定」、「前20名顧客」等限制，就是利用這種對抗心理的銷售策略。

小時候如果被父母催促「快去唸書」，一定會回說「馬上就要去了」，但是不是就變得不想讀書了呢？同樣地，當被督促「不要再看漫畫了」的時候，卻越是欲罷不能，想繼續一直看下去。這種情況，實際上不僅限於叛逆期或是愛唱反調的人身上，這是每個人都會有的心理現象。

社會心理學家傑克・布瑞姆（Jack Brehm），將這種反彈心理稱為「**對抗心理**」。對抗（Reactance）有抵抗的意思，在被限制或說服時，會產生心理的抵抗。

我們也能從阿爾伯特・班杜拉（Albert Bandura）提倡的「**自我效能感**（Self-efficacy）」概念來說明。簡言之，當受到「去讀書」、「不要再看漫畫」的命令或指令時，自己想做就能做的自我效能感降低，而想要回復此效能，就要發揮對抗心理的作用。

利用對抗心理的銷售策略，例如僅限會員才能使用的設施或是婉拒非會員的餐廳等，越是只開放會員或入場名額的限制，就越讓人感興趣而更想進入。

進一步來說，有效運用這種心理的銷售方法，就是「限前20名」、「每日限量50個」等，通常馬上就能達到銷售一空的狀況。

這是因為買不到的可能性讓自我效能感降低，因而產生對抗心理，就越想要買，或是真的買不到時，不由自主變得更想買。

抗拒心理與自我效能感

失去自我效能感

請購買吧	無法進入
↓ 抗拒心理 ↓	↓ 抗拒心理 ↓
變得不想買	變得想進入

回復自我效能感

因限制產生效果的銷售法

會員制度
婉拒非會員
→
會員制度所以不是所有人都能進入，而非會員因遭拒絕，自我效能感低產生抗拒心理，反而更想進入。

限前 20 名顧客購買
每日限量 50 個
→
限前 20 名顧客才能購買的每日限量 50 個，因買不到而降低自我效能感，產生更想買的心理。

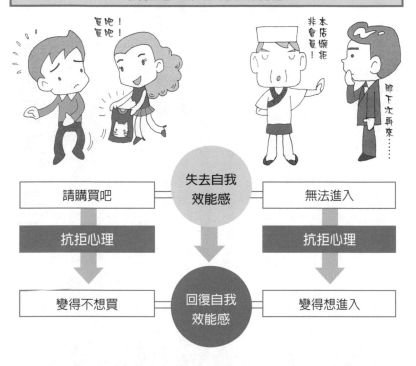

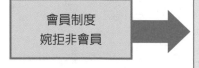

讓顧客大排長龍

看見有人在排隊，不知不覺也想去排隊，這是從眾行為或自我效能感降低的心理起了作用的關係。只要利用這種心理，就有可能成為人氣店家。

應該有不少人曾在高人氣餐廳或熱門活動、遊樂園等地方排過隊吧？這種購買的慾望，是**對抗心理**（第100頁）作用所產生的行動。簡言之，不排隊就買不到，而且銷售一空的可能性也很高，導致自我效能感降低，為恢復自我效能因而產生對抗心理，而有無論如何都想買而去排隊的行為。

你是否曾有過偶然經過門口排了長長隊伍的餐廳，而毫不考慮也跑去排隊的經驗？美國心理學家斯坦利・米爾格拉姆（Stanley Milgram）在紐約繁華街道上，讓一名參與實驗的暗樁抬頭仰望六樓的窗戶60秒，並觀察經過的行人中，有多少人會採取相同行動。

當參與實驗的一名暗樁仰望時，有40％的人受到影響跟著仰望；而參與實驗的暗樁增加為五人時，約80％的人受到影響跟著仰望。而且實驗的一名暗樁停下腳步仰望時，僅有4％的行人會停下腳步仰望；當參與實驗的暗樁為十五人時，約40％的人會停下腳步仰望。

這就是想與他人採取相同行動的**從眾行為**（第90頁）心理，相同行動的人越多，自己也會採取與他人同樣的行動。

更進一步來看銷售技巧，每當新款遊戲機或智慧型手機開賣時，就會有人在數天前開始徹夜排隊，因為想比別人更早擁有新商品、想讓人羨慕，這是沉浸在「優越感」的心理作用使然。

利用這種心理，**刻意減少店內的桌椅，像人氣拉麵店一般讓客人排隊，也能因此成為高人氣店家。**

排隊的心理

抗拒心理

不去排隊就「買不到」、「進不去」時，自我效能感就會降低，為了恢復自我效能感而產生抗拒心理，不知不覺就去排隊了。

從衆行為

米爾格拉姆在紐約繁華的街道上，讓實驗的 1 名暗樁抬頭仰望六樓的窗戶 60 秒。當參與實驗的暗樁為 1 人和 5 人時，分別有 40%及 80%的民衆受影響而一同仰望。看見有人排隊，不知不覺也想排隊，正是受到從衆行為影響而產生的行動。

優越感

在遊戲機或智慧型手機的新品首賣日前幾天就開始有徹夜排隊人潮，因為想比別人更早擁有新商品，是想讓人羨慕的「優越感」心理作用。

成立品牌，吸引顧客

日本人特別喜歡名牌。人究竟為什麼會喜歡名牌呢？瞭解其心理後，對自己公司或商品服務的品牌建立，將會有所助益。

詢問打扮時髦女性所拿包包的品牌，得到的回應說不定就是Louis Vuitton或Miu Miu之類的名牌；也常能見到新潮又可愛的品牌打著能夠提升女性魅力的廣告文宣。雖然日本女性特別喜歡名牌，但是人為什麼會喜歡名牌呢？

所謂品牌（Brand），最早是為了區別自家與其他牧場的家畜如牛羊等，而在自家家畜身上特定位置燒烙專屬印記。同樣地，為能與其他公司的商品或服務形成差異化，使用專屬的名字，因而稱之為品牌。

能與其他商品或服務有所區別，想必當然是價值高的商品，於是名牌轉而泛指高級精品。

換言之，名牌本來就品質好，而且設計或材料都相當精緻，可說是名牌商品的「**一次的價值**」。例如在香奈兒（CHANEL）店中詢問顧客「為什麼喜歡香奈兒」，多數人一定會說「品質或設計很好」。也就是說，一次的價值優良。

但是，不僅限於此吧？購買名牌這件事情，是顯示自己能評價、買得起高級精品，這是「**二次的價值**」。**高級精品的光環能提高自己的社會價值**，因此稱為「榮譽效果」，是**品牌策略首要的心理條件**。

名牌魅力的心理

所謂品牌（Brand），原是為了與其他家的家畜有所區別，而將自家家畜燒烙上專屬印記。同樣地，為了與其他廠商或服務差異化，使用專屬的名字，即為品牌。高價商品要與其他商品或服務有所區分而成為名牌，轉而泛指高級精品。

名牌的價值

一次的價值

名牌商品品質好、設計或材料精緻，具有獨特性的價值。

↓

二次的價值

穿戴名牌，顯示自己有評價和買得起高價商品的能力。

↓

榮譽效果

一流精品的光環下，能提高自己的社會價值

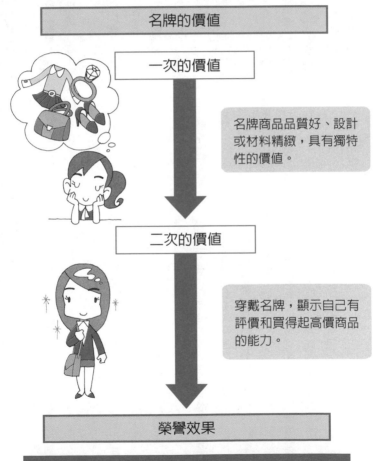

商品如何陳列才能刺激購物慾？

在超市或便利商店看似隨意擺放的商品，實際上因位置不同，銷售金額也會跟著不同。利用新近效應，學習商品的陳列策略。

要如何讓顧客在商店內陳列的各式商品中，購買自己公司的產品呢？實際上在貨架並排陳列的同類型商品之中，**人會傾向選擇最右邊的商品**。

心理學家理查·尼茲彼（Richard E. Nisbett）和提摩西·威爾森（Timothy D. Wilson），將四雙品質完全一樣的長襪以相同的間隔陳列，讓受試者從中選出品質最好的長襪。

實驗後的結果顯示，有40％的受試者會選擇最右邊的長襪，而選擇右邊第二雙的則有31％、右邊第三雙再降到17％，而認為最左邊長襪品質最好的只有12％。為什麼會有這種結果呢？

這是因為**人的視線會和閱讀書報文章時一樣，習慣由左至右方移動**。簡言之，眼睛會先看到左邊的長襪，最後視線會落在最右邊的長襪。一看始先看到的東西，容易記住、留下印象，這被稱之為「初始效應」。也就是說，在初始效應的作用下，顧客應該會選擇最左邊的襪子才對。但是，結果卻恰好相反。

事實上，當人在處理大量訊息時，**通常記得的是最後一刻留下印象的訊息**，稱為「新近效應」或是「最終效應」。因為視線最終停留在右邊，所以很多人因印象深刻而選擇右邊的襪子。

在便利商店或超市的陳列架末端，常會放置想推銷的商品或促銷品，就是利用此效果的原因。所以，陳列的位置也是重要的銷售策略之一。

尼茲彼和威爾森的實驗

密西根大學的理查・尼茲彼和提摩西・威爾森，以等寬的間距陳列四雙品質相同的長襪，並讓受試者從中選出品質最好襪子的實驗。

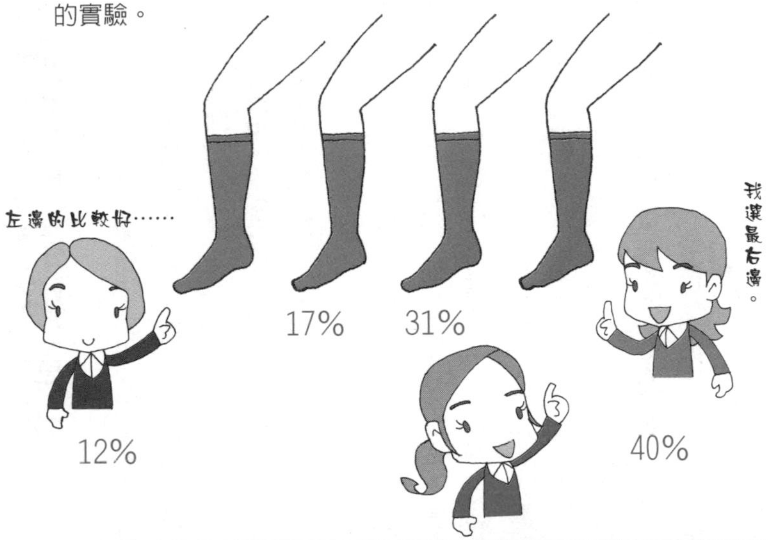

視線習慣由左往右轉移，會因為最後看到最右邊商品的新近效應而選擇。

初始效應和新近效應

初始效應	新近效應
最一開始看到的東西，會容易記住、留下印象。	最後看到的東西，會留下深刻的印象。

讓流行成為好幫手

各行各業的「流行」，與獨特性和從眾性的需求有關。若能瞭解此運作方式，一定能成為商品開發或商品投入市場的指引。

流行本身是一種社會現象。說到流行，腦海中可能馬上會聯想到時裝或音樂，然而所有商品的流行與否，會受到消費者行為影響。

那麼，產生流行的心理因素是什麼？理由之一，是對「**變化的需求**」。每個人都有想表現自我特性或求新求變的心理，這種欲望越高的人，越是不斷地追求於「走在流行的尖端」，或是因為**想獲得獨特性評價**的「**自我炫耀的需求**」，導致產生特立獨行的打扮或創意想法等能夠表現自己情況。

另一方面，也有不喜歡炫耀自己，只想**效法他人需求**的人。「不想落伍」的想法，即是「**同質性的需求**」影響下，參與並推動了流行。更進一步，還有崇拜權威並分享其光環的「**威風的需求**」，例如與名人擁有相同的髮型或裝扮，即是這種心態的表現。

以上四種要素當中，「變化的需求」及「自我炫耀的需求」，又可稱為「**獨特性需求**」；而「同質性的需求」及「威風的需求」則可稱為「**從眾性需求**」。

美國知名傳播學學者埃弗裏特・羅傑斯（Everett M. Rogers）認為，流行的模式是由對潮流革新敏感的創新先驅者開始，經由前期接受者或前期（大多數）追隨者傳播而流行，當後期（大多數）追隨者或落後者也流行時，已經屬於流行潮流的末端了。

若能掌握流行的心理運作機制，就能決策評估商品投入市場、推廣銷售及退出市場的時間。

流行的四個要素及二個需求

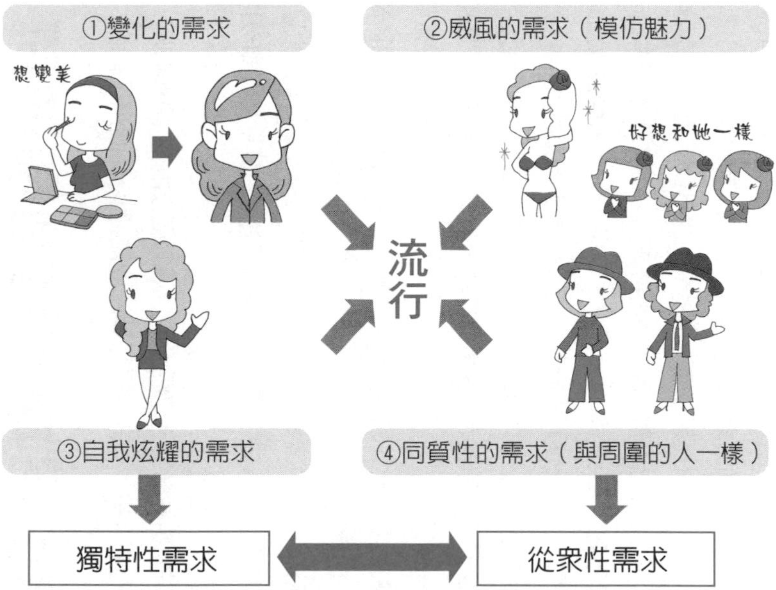

流行傳播的機制

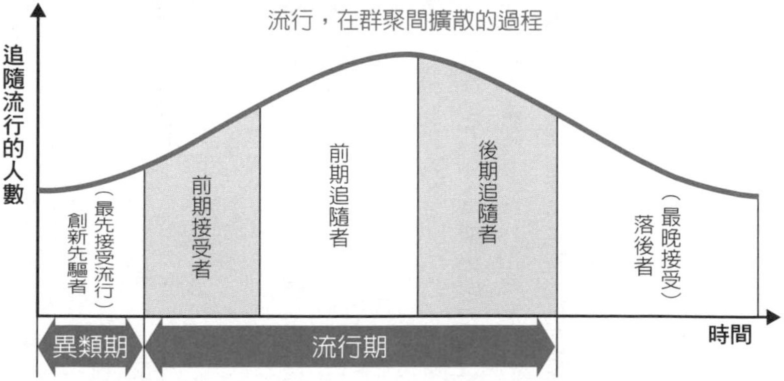

試用品刺激消費的心理學

在超市或百貨公司美食街試吃的時候，是否不知不覺就購買商品了呢？這是受到「善意的回應」與「認知的一貫性原理」這兩種心理作用的影響。

行銷方式中有所謂促銷（Sales Promotion，簡稱SP）的用語。「促銷活動」是其中一種，就是在超市或百貨公司美食街常看到的免費試吃、試喝的嚐鮮活動。

但為什麼試吃、試喝就能促進銷售呢？這是運用人的心理作用的緣故。

當人們受到別人親切的對待後，會抱著感恩的心情回饋對方，促銷活動即是利用這種稱為「善意回應」的心理。簡言之，顧客試吃後，因為回饋行為而促使購買意願，進而增加銷售量。

但是，也有許多對於試吃、試用品完全不感興趣的顧客。也就是說，認為試吃並非「好意」，而是隱含著「拜託」的目的。雖然如此，這類顧客卻也還是會購買的理由，是因為人想保有行動的一貫性，即所謂「**認知**的一貫性原理」。

接收對方請試吃的「小小的請求」，但會為了維持行動的一貫性而接受了購買的「較大的請求」，此行銷方式稱為「得寸進尺法（Foot-in-the-door technique）」（第112頁）。

像這種促銷手法，不僅限於食品，就連化妝品等行業提供試用品，也與銷售有所連結。

最近，汽車和不動產產業也開始採用試乘、試用這類型的促銷手法了。

因為試用品而購買的心理

因「善意的回應」而購買

因「善意回應」而接受

試吃品 = 善意

若顧客喜歡試吃品的話，會形成「善意」，為表示善意及好意的回饋下，產生「善意的回應」而購買商品。

善意的回應 = 購買

因「認知的一貫性原理」而購買

因「認知的一貫性原理」而接受

試吃 = 小小的請求

若顧客對試吃不感興趣時，以「小小的請求」拜託顧客試吃，若顧客接受後，基於「認知的一貫性原理」也會接受「較大的請求」而購買商品。

購買 = 較大的請求

得寸進尺法

業務員的話術

從業務員登門拜訪的時代開始，就有利用心理學的說服話術了。利用認知的一貫性原理或愧疚感等心理，變化出各式各樣的銷售技巧。

業務員的話術，就是利用人的心理所展現的各種銷售技巧。

代表手法如前面提到的利用試吃、試用來促進銷售的「得寸進尺法（Foot-in-the-door Technique）」，也就是說，**一開始讓顧客答應「小小的請求」，之後再答應「較大的請求」的方法**。

當登門拜訪的業務員提出「只耽誤您一下下」時，即使門縫是只能讓一隻腳擠進來的寬度，銷售的成功機率就很高了，此方法的名稱便由此得來。

在心理學上，對於最初「已允許」的小事與購買時「不允許」的大事，會產生認知的不協調，為消除此不一致性，在「認知的一貫性原理」驅使下，會不由自主地購買商品。

另一方面，與之相反的「以退為進法（Door-in-the-face Technique）」，則是預期會被拒絕而一開始就提出無理的「較大請求」，當被拒絕後接著拜託「較小請求」的方法，在「讓對方滿足自己需求的技巧」（第52頁）中也介紹過。**利用拒絕「較大要求」的愧疚感，然後將門檻障礙降低，拜託對方答應「較小要求」**，此方法是在各種情況下都能運用的技巧。

「低球技巧（Low Ball Technique）」，正如其名是容易接住的低球，又稱為虛報價格技巧。**一開始先用便宜的價格吸引顧客，等對方承諾購買後，再用各種理由提高價格的手法**。因為「認知的一貫性原理」，一旦答應要買，就不容易拒絕、反悔。

能說服對方的代表性方法

得寸進尺法

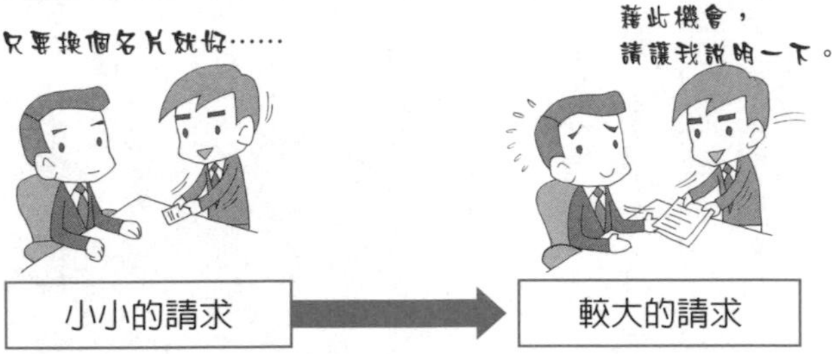
只要換個名片就好……
藉此機會，
請讓我說明一下。
小小的請求
較大的請求

已經允許小事，為了避免認知的不協調，只好接著接受更進一步的請求。

以退為進法

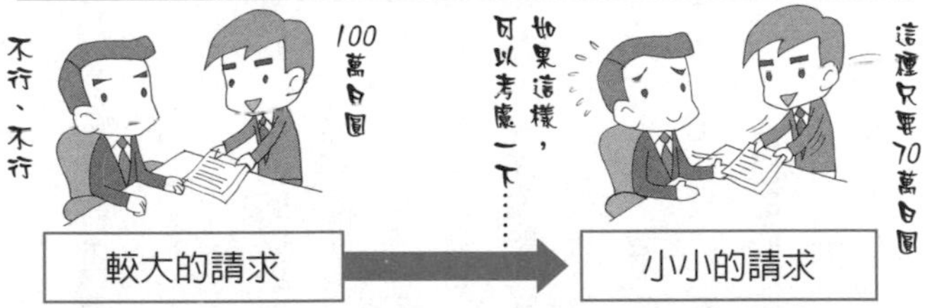
不行、不行
100萬日圓
如果這樣，
可以考慮一下……
這種只要70萬日圓
較大的請求
小小的請求

一開始先提出較大的請求，利用對方因拒絕而產生的愧疚感，就會允諾較小的請求。

低球技巧

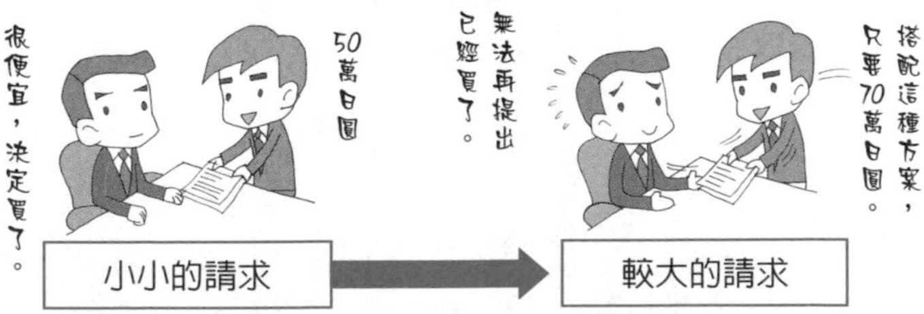
很便宜，決定買了。
50萬日圓
無法再提出
已經買了。
搭配這種方案，
只要70萬日圓。
小小的請求
較大的請求

已經允諾「購買」便宜的方案，即使價格稍微增加一點，因一貫性原理下，只好也答應購買。

銷售篇

推銷話術中的心理學

廣告文宣或重要標語、銷售話術等，常會使用相同的語句口號，其中有許多是運用了誘導購買的心理技巧。

常在實體店面聽到相似的銷售話術，這之中潛藏著為獲得顧客購買承諾的各種心理技巧。

舉例來說，當銷售員表示「因為是老顧客，所以有特別折扣」等話術時，就如同試用品刺激消費的心理學（第110頁）中所說的，這是因為受到提供降價的**善意影響**下，而促使顧客購買。

經常使用的還有「期間限定」或「少量庫存」等強調「**稀有性**」的口號。利用現在不買就買不到了的自我效能感降低時產生的對抗心理作用，與因購買慾望增強的驅使下，而想去排隊的心理是一樣的（第102頁）。

此外，常聽到「某某名人推薦」或是「某某明星也愛用」等廣告宣傳標語，這是**利用人服從權威的心理傾向產生的促銷技巧**。這不僅僅是利用人容易被「**感觀印象佳**」的他人說服，而且還有**參照他人行動**的「**社會認同**」需求傾向。

另一方面，還有「價格雖高，但物超所值」這種**同時提示優點和缺點**的「**兩面提示**」話術。對熟知商品情報的人來說，可提高信賴度並降低購買的抵抗感；當然也少不了他人的反應等「**狀況因素**」，例如電視購物頻道中，故意加入觀衆的歡呼或鼓掌聲，即是**利用在意他人反應的心理因素**。

銷售話術中潛藏的心理技巧

因為是老顧客，所以有特別折扣！

善意的回應

因受到善意對待而善意回饋的銷售話術：釋出降價的善意而促使顧客購買。

某名人也非常愛用！

社會認同

參照他人的行動，並與其採取相同行動的需求傾向。

期間限定 10 萬組 !? 所剩不多了！

稀有性

人因抗拒心理（傾向維持自我效能感）作用，在強調現在不買就買不到的情況下，更會增加購買的意願。

您真有眼光！

感觀印象佳

提升友善好感印象，如讓形象好的藝人宣傳代言等，會非常容易說服消費者。並利用稱讚對方讓其形象提升，對方就容易被說服而購買。

某學者也強力推薦！

權威性

利用人易服從權威的心理傾向，大學教授或專業人士的推薦，或是主動向飯店或服務業等禮賓部的人員提示自己崇高的職稱及地位。

剛才已經說想買了喔！

認知的一貫性

人因為傾向認知或行動的一致性，會保持前後行為相同，例如得寸進尺法或低球技巧。

現場觀眾也有同感！

狀況因素

欲說服對方時，狀況因素也很重要，其一為他人的反應，例如其他觀衆拍手時，便能看出是肯定的態度。電視購物中，故意製造鼓掌拍手或歡呼聲的原因即在此。

價格雖高，但物超所值！

兩面提示

同時提示優缺點來提升信賴度，產生與反對購買的抗衡力量。

Column 5

•

隱藏在廣告中的心理戰術

一般的平面媒體或電視廣告也會利用人的心理。舉例來說，在雜誌上出現「今年春季的流行趨勢是碎花」的廣告標語時，不久後到處都是穿著碎花樣式服裝的女性。每當在雜誌或網路上看到流行款式時，不知不覺就買了與其相同或類似的衣服，這可以稱為「從眾效應」。就好比載著樂隊的遊行花車在前引導並發號施令說:「現在遊行開始!」而大家就隨著遊行隊伍前進的情況一樣。

這種引領潮流的方法不僅限於時尚界，在演藝界也是一樣的。「風靡高中女生間的笑匠組合」或是「當前的大勢新人」等，雖然才剛出道沒多久，已擁有超高人氣的宣傳手法下，馬上變得更火紅，這就是受到從眾效應影響的結果。而且在商業廣告或電視出現的頻率次數越多，對其更有好感，即為「單純曝光效應」或「查瓊克定律(Robert Zajonc)」。

還有在商業廣告中，常看到「給在意皮膚乾燥的你」或「給在意體脂肪的人」等呼應需求的廣告。即便是平常不怎麼注意廣告的人，在聽到與自己在意的事有關的呼應，自然而然就會加以留意，稱之為「雞尾酒會效應(Cocktail-party Effect)」，這是在喧鬧的舞會或場所中交談，只聽得到朋友的講話聲而得名。人只留意自己在意的事情，並具有選擇性接收的能力。

Chapter

5

戀愛心理學

[邂逅與追求篇]

外表雖然重要……

在聯誼等場合，大多仍仰賴外表來評價初次見面的人，帥哥美女可利用暈輪效應讓個性加分。然而，一旦過了效應的有效期限，也可能會扭轉原本的評價。

與異性邂逅時，第一印象（第22頁）相當重要。雖然常說「個性比外表更重要」，但我們畢竟無法理解初次見面者的內心。若問說「是否帥哥美女較吃香」時，答案通常是肯定的，這是因為在「個人魅力」（第24頁）的觀點上，**男、女性的「外在魅力」往往還是較受到重視；不論個性如何，帥哥美女還是較受人喜愛**。

例如法國曾有項實驗，要求400名男性面試官審閱280份附上照片的女性履歷表，並想像她們的個性。結果，男性面試官們相當注重女性求職者的大頭照，且對美女的評價也較高，像是「看起來人很好」、「感覺不會說謊」等，高出容貌平凡者7倍以上。

即使接受評價者為男性，也有相關研究顯示，如「模特兒較容易通過徵才的書面審核關卡」、「身高會影響其年收入」、「美國總統候選人中，身高較高者勝選機率也較高」等。也就是說，男女的外表可構成「暈輪效應」（第24頁），外表較理想者，也會提升旁人對其個性與能力的評價。

不過，即使外表不盡理想，也無須過於悲觀。就如同「美人看三天就會膩」的俚語般，暈輪效應的有效期限並不長，越瞭解對方，暈輪效應的影響力就越低。尤其期待越高時，一個小小的缺點都可能大幅影響一個人的評價，這又稱為「**損失效果**」。

相反地，**原本對一個人的期待度越低，反而一點小事就容易大幅提升好感**，這又稱為「**利得效果**」。

果然，最重要的還是「外在魅力」

法國有項實驗，是讓 400 名男性面試官審閱 280 名女性的履歷表（包含大頭照、簡介、經歷、興趣、婚姻與家庭狀況、出生地、年齡等），並請面試官想像每位女性的個性。

容貌普通

評價低

- 心地差
- 心機很重

容貌出衆

評價高

- 看起來人很好
- 似乎不會說謊

美女的好評比容貌平凡者高出 7 倍

「損失效果」與「利得效果」

一旦暈輪效應過了有效期限，開始調整對他人的認知時，對方的評價就可能因損失效果或利得效果而轉變。

標準評價

理想暈輪效應

美女、帥哥的個性
也會很好！

一點小問題就可能
使原本的形象破滅

損失效果！

不良暈輪效應

外貌不佳，
個性似乎也不好！

一點小事就能
大幅提升評價！

利得效果！

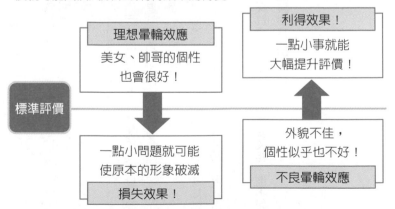

與對方「配不配」相當重要

根據「相配假說」，可知外在魅力相符的兩個人較容易成為情侶。不過，最重要的還是內在是否相互契合。

有「夫妻臉」組合的話，那麼應該也有帥哥美女或是個性相近的組合。的確，相似男女結為夫妻的例子不勝枚舉，科學上也證明了確實有這種傾向。

心理學家馬丁·賽里格曼（Martin E. P. Seligman）準備99組情侶的照片，讓共8名的男、女性，以滿分5分來評價情侶們的身材魅力度。結果，情侶分數差在0.5分以下的外貌相配情侶有60組，而分數差超過0.5分外貌不相配的情侶有39組。從這個結果可以看出，「帥哥美女，以及普通的男生、女生交往的情況較多」，因此提出「**相配假說**」。

依此假說，若與想交往的對象外表差不多的話，成功交往的可能性較高。但是，也不能因為想與帥哥美女交往，就去整形。而且或許會因「為什麼他能和這麼漂亮的美女交往」或是「那個人為什麼那麼帥」產生嫉妒心而導致「**配對錯誤**」的情侶發生。

即使與對方的外貌差異很大，但如果品性好、知識豐富、社會地位和經濟能力等條件讓對方感覺「十分相配」，也是很好的方法。

最重要的是，與其煩惱無法改變的外貌長相，倒不如努力提升自己能與對方匹配的部分。

選擇外貌相配的「相配假說」

心理學者馬丁・賽里格曼，以滿分為 5 分的標準看 99 組情侶照片，並評價他們的身材魅力度時，發現情侶兩人分數差在 0.5 分以下的外貌相配情侶有 60 組，而外貌不相配的情侶則有 39 組。

外貌相配情侶　60 組

外貌不相配情侶　39 組

考慮另一半時，應選擇與自己外表魅力度相配的，此為「相配假說」。

不僅是外貌長相，「相不相配」的感覺很重要

只看外表時，往往非常有魅力的人，會如同高山上稀有的雪蓮，只能敬而遠觀。

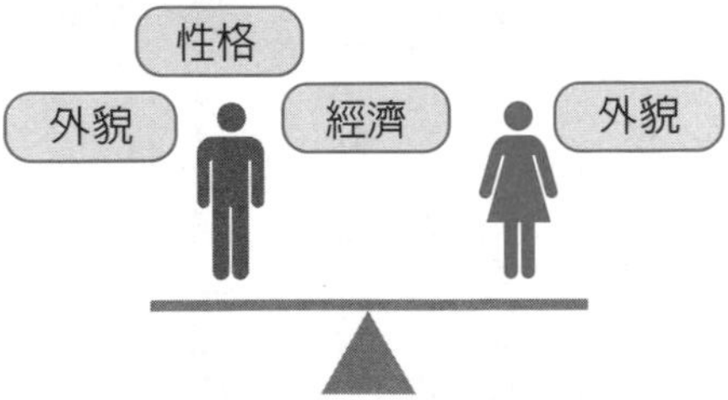

不僅是外表長相，包含品性、地位、經濟等其他要素在內的「相不相配」的感覺也很重要。

至少要有一個共同興趣

若興趣不同，難以發展戀愛關係；從平衡理論可以得知，培養共同興趣非常重要。特別重要的是，並非要有很多共同的興趣，而是要有深入的共同興趣。

喜歡一個人到發展成為情侶關係，重要的是要有「共同的興趣」或「觀念以及想法接近」等相似點。舉例來說，是不是曾有因興趣不合逐漸開始討厭對方，而分手的經驗呢？

美國心理學家弗里茨・海德（Fritz Heider）所提倡的「平衡理論」，以三角形來表示自己、對方，以及興趣的關係（左圖）。若關係良好的話，以符號「＋」表示正的關係，反之則以符號「－」表示負的關係。當三者關係符號相乘無法為正時，會產生不愉快的感受，為避免不平衡的狀態發生，會想要努力變成「＋」的良好關係。例如，若自己對繪畫鑑賞的興趣為正，而對方為負、自己與對方的關係為正，整體結果為負，在興趣不變的前提下，只能自己為負或對方為正，才能達成平衡的結構。

這也可以用「社會交換理論」來說明。人除了金錢或物質外，也會感受到成就感或喜悅等「心理報酬」。例如和對畫展毫無興趣的男友去美術館，「心理負擔」就會增加，變得感受不到「心理報酬」。相反地，**若興趣相同，則「心理負擔」感覺減輕，因而能獲得「心理報酬」**。

因此，並不是共同或相似的地方越多，就會變得越親密。在針對學生們的興趣或嗜好問卷調查發現，即使共同的興趣或嗜好種類不多，但對有共同精通某些興趣或嗜好的人，會比較有好感。換言之，**不是共同的興趣多樣化，即使只有一個共同精通的興趣也很好**。

根據平衡理論，可得知共同興趣的重要性

美國心理學家弗里茨·海德所提倡的「平衡理論」，將自己、對方、興趣三者的關係用符號「＋」和「－」表示。若三者的關係符號相乘合計為「－」時，就會產生不愉快的感受。

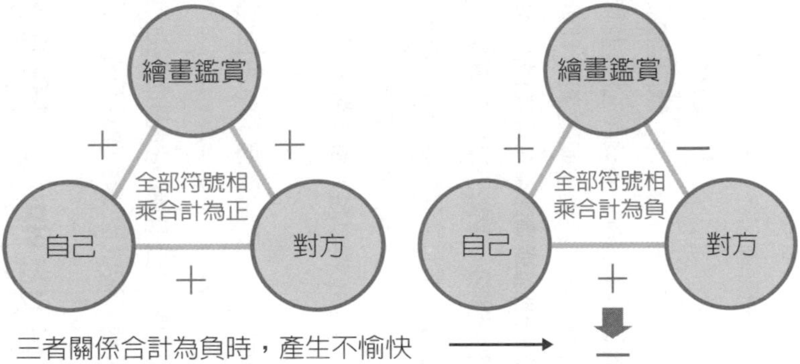

繪畫鑑賞

全部符號相乘合計為正

三者關係合計為負時，產生不愉快

興趣相同的情況

興趣不同的情況

與其共同興趣多，不如精通某項興趣

對學生們問卷調查，並要求他們寫下興趣和嗜好，並依此記下自己興趣、嗜好的精通程度以及相似的項目。結果發現，即使相似的興趣或嗜好種類少，但精通程度高的人比較會獲得好感。

莫內或雷諾瓦的畫作，很能療癒心靈。
正好有個印象派畫展，要不要一起去看看？
我喜歡旅行
聽音樂
還有小酌
嗯，我也是！

共同的話題有深度

容易成為情侶

共同的興趣多而廣泛

停留在朋友關係

繪畫鑑賞

全部符號相乘合計為負

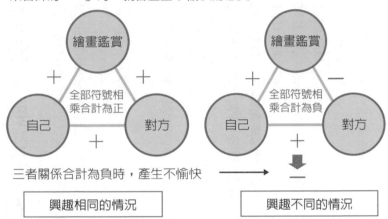

聯誼時，要坐在對方的右前方

聯誼時能不能找到心儀的對象，與座位位置有很大的關係。坐在對方的右前方或是與對方呈90度的位置等，利用心理學成為男女朋友吧！

若想趁聯誼時找到男（女）朋友的話，或許就應該要注意坐的位置了。

如第106頁提到的心理學家理查・尼茲彼（Richard E. Nisbett）和提摩西・威爾森（Timothy D. Wilson）所進行的實驗——四雙品質相同的長襪以等距間隔擺放陳列，會有40％的人選擇最右邊的襪子。**因為人閱讀文字時，視線習慣由左至右移動，最後停留時所獲得的訊息，會因「新近效應」而特別容易記住**。即使是聯誼的場合，人們也可以善加利用此效應，**參加聯誼時提早一點到，選擇坐在右邊的位置**，說不定大家會說「那位坐在最右邊的人，感覺人氣最旺」。

即使突然能與心儀的對象聊天，但因面對面坐而緊張不已，或是心儀的對象和旁邊的人一直聊天完全插不上話，也許就是因為坐的位置不恰當所致。

如果應用研究會議中發言與座位順序的心理學家史丁札提倡的理論（第82頁），就能夠瞭解**與坐在正對面的人容易意見不合，而與坐在旁邊的人容易意見一致**，所以當發現自己心儀的對象時，**盡可能不要面對面坐**。像是與對方相鄰坐在桌子轉角處，呈90度的位置，是適合討論聊天的位置，也就是如同「徹子的房間」（譯註：日本朝日電視台最長壽的談話性節目，是由黑柳徹子主持、專訪各界人士，於1976年首播至2017年已播出42年）的座位關係。

與對方言談的同時，又想建立良好關係的話，記得就坐在這些位置。

運用新近效應

人的視線習慣由左至右移動，坐在最右邊的人因為擁有最後印象而受「新近效應」的影響，特別容易被記住。

視線的移動 → 建議坐在右邊，利用新近效應

建議坐在右邊，利用新近效應 ← 視線的移動

運用史丁札效應

運用美國心理學家史丁札研究會議的座位順序，所發表的史丁札效應，可知與坐在正對面的人容易持反對意見，換句話說是敵對位置；而坐在身旁的人易表示贊成意見，為同伴位置。

敵對位置

同伴位置

清晰易懂又有脈絡的訊息

對方怎麼看待自己呢？想知道戀人的心理卻難以啓齒時，讓我們利用心理學，從言行舉止來判斷對方的想法。

戀愛時，會想知道對方如何看自己，但不是直接問對方就可以得到答案。擔心對方什麼想法都沒有，那該怎麼辦？因而無論如何都開不了口詢問。

那麼，有沒有不需直接問對方，就能瞭解對方心理的方法？實際上是有的。

當對方是男性時，幾句簡單的日常對話就可以馬上瞭解。如果男性朋友在邀約時說：「晚上要不要一起去喝兩杯？」和「晚上要不要和我一起去喝兩杯？」，哪一種邀約方式較有強烈的邀約意圖呢？當然是加上第一人稱的邀約方式。

主動邀約的人，想表現積極的主張：「**和我**」一起去喝兩杯，這種自我推銷的方式，展現想讓對方更瞭解自己並表達自我的含意，這是因為對想要邀約的女性有好感的緣故。

美國心理雜誌1991年所發表的論文中，就得到證實；**如果男性和女性談話時大多使用第一人稱，那麼可以確定他對該名女性有好感。**

另一方面，**女性的話，則可從邀約聚餐上的食量來觀察**。實驗結果發現，當女性和異性一起用餐，會比與同性用餐時吃得少。在異性面前想表現「優雅的女性」形象，進而改變自我面貌的呈現，所以若是對對方有好感的話，會吃得更少。

使用第一人稱，帶有清晰易懂又有脈絡的訊息

美國心理雜誌 1991 年所發表的論文報告顯示，男性對喜歡的女性常使用第一人稱。

女性和異性用餐時，通常吃得比較少

實驗證實，當女性和異性一起用餐，會比與同性用餐時吃得少；在喜歡的對象面前，估計會吃得更少。

約會對象是女性時，
會吃到飽為止。

約會對象是男性時，
就會克制食量。

縮短距離，增加見面機會

心理學已經證實，越常見面的話，好感度會增加。盡可能縮短與對方的距離，常見面的話，心理的距離自然也就能縮短了。

你是否曾有過對每天通勤時常見到的異性產生好感的經驗？的確，見面次數越多，好感度也會增加。

社會心理學家羅伯特．查瓊克（Robert B. Zajonc），讓受試者分別以0、2、5、10、25次等六種條件，觀看陌生的大學生照片，並觀察他們的好感度變化。結果發現，雖然是素未謀面的大學生，僅只是觀看照片的次數越多，好感度就越會提升。

也就是說，**常與對方見面，好感度自然就會提升**。羅伯特．查瓊克稱之為「**單純曝光效應**（Mere Exposure Effect）」，也稱為「查瓊克定律」。

依此定律，若有心儀的對象，建議要盡可能多和對方見面。

那麼，與對方的空間距離問題該如何解決呢？雖然常聽到人說「我們是遠距離戀愛結婚的」，但就頻繁見面會提升好感度這一點，對遠距離戀愛來說非常不利。

事實上，心理學實驗也認為「男女之間的地理空間距離越近，心理的距離也會越近」。提倡此學說的美國心理學家博薩德（Bossard），研究調查已訂婚的5000對情侶中，有33％曾經住在半徑五條街口以內的範圍。

更進一步發現，情侶之間的距離越遠，最後能結婚的機率越低。遠距離戀愛，只能每天看著對方的照片或是利用視訊聊天，因此最好還是縮短實際的空間距離，時常見面會比較好。

查瓊克的單純曝光效應

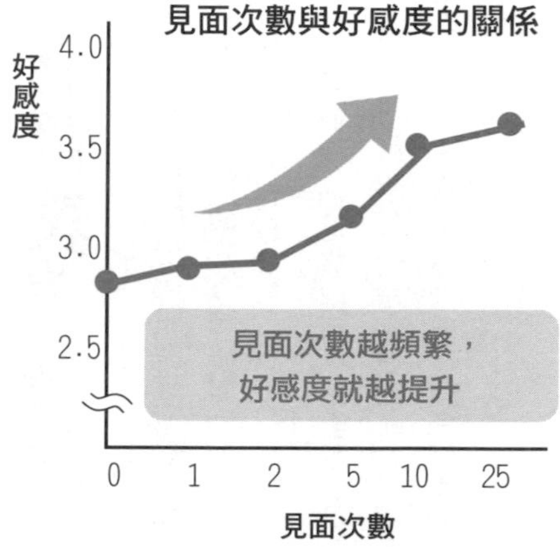

社會心理學家查瓊克，讓受試者以 0、2、5、10、25 次等六種條件，觀看陌生的大學生照片，並觀察他們的好感度變化。結果發現，雖然素未謀面，但看照片的次數越多，好感度就越提升。

否定遠距離戀愛的博薩德法則

美國心理學家博薩德發現，「男女之間的空間距離越近，心理的距離也會越近」。研究調查已訂婚的 5000 對情侶中，有 33%曾經住在半徑 5 條街口以內的範圍。更進一步的研究發現，情侶之間的距離相隔越遠，最後結婚的機率也就越低。

確實表達好感

無法和喜歡的對象發展成戀愛關係的原因，也許是交往方式的問題。那麼，就從真心誠意確實向對方表達好感開始吧！

雖然異性朋友很多，但與認識很久的對象一直停留在朋友關係，怎麼也無法進一步成為情侶，相信很多人都有此煩惱吧？說不定，是因為自己沒有採取戀愛的溝通模式的關係。

美國社會心理學家魯賓（Zick Rubin），將判斷朋友的基準（好感程度）分為「好感的評價」、「尊敬與信任」、「共同的認知」；而對戀人的判斷基準（戀愛程度標準），則用「親和及依存需求」、「支持傾向」、「排他性」等區分。

簡言之，**若是對心儀的對象以朋友的模式交往，較無法轉變成戀人關係**，如果不設法改變的話，或許就只能感嘆「曖昧讓人受盡委屈」。

首先，如果想由普通朋友發展成為戀人關係，那現在就向對方表達好感吧！

為什麼呢？因為人們有著「**善意的回應**」（第42、110頁）的特質。而所謂善意的回應，是指當對方表示好感時，自己也會持有好感的傾向。

美國的心理學家阿瑟・亞倫（Arthur Aron），調查過去8個月內墜入愛河的大學生，是何時有第一次心動的感覺？結果發現有90％是當「對方明確告白表達喜歡之情時」、78％是「感受對方的聲音或外在魅力」，而62％是「生理或情況刺激、興奮時」。

坦白面對自己的心，將心意清楚表達給對方知道，是戀愛開始的第一步。

善意的回應

接受他人的善意時，人通常會以相同的態度回饋，即善意的回應。

戀愛的第一次心動是在什麼時候？

美國心理學家阿瑟．亞倫，調查過去 8 個月內墜入愛河的大學生第一次感到心動是什麼時候。

被告白，明確知道對方心意時

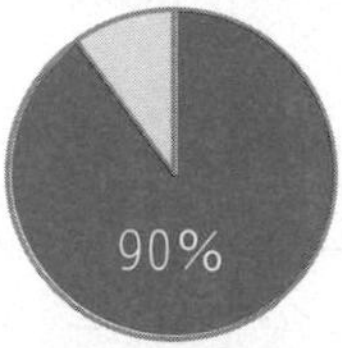

感受對方聲音或外在的魅力時

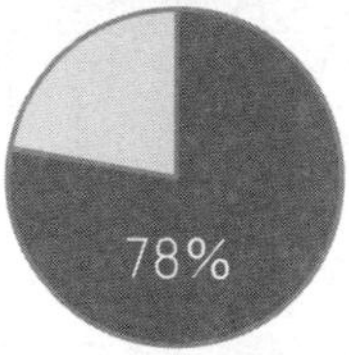

生理或情況刺激、興奮時

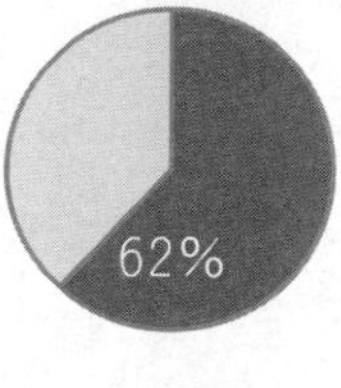

說出自己的秘密

想與心儀的對象關係變得更親密，這時候明確地表示「我只和你說」；談一些極隱密的私事，將能培養更深厚的感情。

想要與心儀的對象關係更親近的時候，「自我揭露(Self-disclosure)」會很有效。

心理學所謂的「自我揭露」是指，「以言語行動正確且有意圖地將個人的隱私資訊傳達給他人」，簡單來說就是將自己的內心世界坦露給他人知道，讓各種感情能獲得釋放。

例如心理療法中也常使用的**感情淨化**(Catharsis)方法；有研究學者認為，男性壽命較短的原因，歸咎於不願「自我揭露」導致壓力增加。還有，人談論自己的事情時，有能明確整理心情的作用（自我明確化），或是他人的分享回饋下，也有安定自我的作用（社會的適當化）。

但是，「自我揭露」又如何增進親密關係呢？雖然有幾個不同的理論，其中之一是**自我揭露被視為善意的表現，並根據善意的回應而相互自我揭露，進而增加彼此的好感**。

由歐文・阿特曼(Irwin Altman)與達爾馬斯・泰勒(Dalmas Taylor)所提出的「**社會滲透理論**(Social Penetration Theory)」中，提到兩人關係變親密的過程，隨著自我揭露的發展讓關係越來越親密時，自我揭露的「廣度」及「深度」也會增加。

更進一步，自我揭露時說出「我只和你說」，這與行銷手法中「得之不易的技巧」有相同效果。簡言之，主動提供對方外人對於自己不易獲得的訊息，就可以大幅提高善意回應的效果。

「自我揭露」與善意的回應

自我揭露，即是傳達與個人私領域有關的事給他人知曉。

就接收訊息的對象而言，這視為對方好感或信賴的表現，並根據善意的回應而產生好感，自己也變得更能自我揭露。

有效的「得之不易的技巧」

「得之不易的技巧」是指提供對方不易獲得的訊息，以獲得對方好感及信賴的行銷手法。

自我揭露時說出「我只和你說……」，這與行銷手法中「得之不易的技巧」效果相同，會認為對方提供了不易獲得的情報，將大幅提高善意的回應效果。

請心儀對象幫忙吧！

面對心儀的對象，總是會有想幫些什麼忙的心情。雖然根據善意的回應，為了讓對方產生好感而想幫對方忙，但其實倒不如讓對方幫自己忙，效果比較好。

許多人為了讓心儀或仰慕的對象對自己產生好感，常會熱心過頭。雖然這是因為期待善意的回應，但是過於熱心的話，反而會讓**對方感受不到「善意」而是「依賴」，增加心理負擔**。

例如出於好意幫忙整理桌面，但對不需幫忙整理的人而言，這不是「好意」，而是「請讓我整理桌面」的「依賴」，於是產生心理上的負擔，反而會覺得對方的幫忙太刻意。

事實上，**與其絞盡腦汁想為對方做點什麼，還不如讓對方為自己做些什麼會比較有效**，這是利用「**認知失調**」的戀愛技巧。所謂的認知，是指對事物的認識或理解；我們每天的日常生活，常會有各種不同的認知行為與活動。

利昂・費斯廷格（Leon Festinger），將認知與事物產生矛盾或不一致所引起的不愉快或緊張，稱為「認知失調（Cognitive Dissonance）」。人為了消除此狀況會採取各種行動。

拜託心儀對象幫忙，因此產生「不喜歡就不會幫忙」與「此刻自己正在幫忙」的認知矛盾，為消解此矛盾只好認為「**自己會幫忙，是因為喜歡對方**」。

所以，想讓心儀的對象喜歡自己，就提出請求拜託對方幫自己的忙吧！

運用「認知失調」讓對方喜歡自己的方法

想要心儀的對象喜歡自己，就大方提出請求、拜託對方幫忙吧！

不喜歡就不會幫忙

現在，我正在幫忙

↓

兩個認知之間產生矛盾或不一致

↓

產生認知失調

↓

引起不愉快或緊張

↓

運用各種方法，消除此認知失調的狀態

↓

修正認知，因為喜歡她所以幫忙

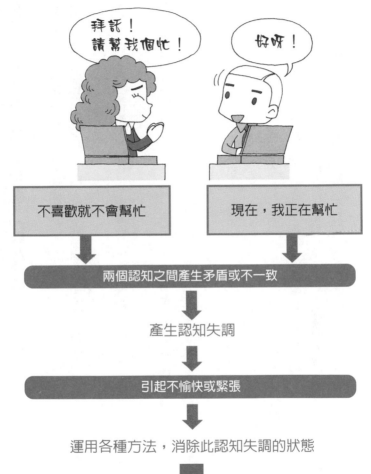

稱讚對方未察覺的優點

要讓對方喜歡自己，就要懂得稱讚對方。
如果能夠稱讚對方沒有察覺、別人也沒看出的優點，出乎意料地可以增加好感度。

你是否曾因為別人稱讚自己也未察覺的性格，而高興不已呢？

美國心理學家喬瑟夫．魯夫特（Joseph Luft）以及哈里．英格漢（Harry Ingham），運用別人看待自己（自我揭露）的角度，提出人際關係的模式，此模式擷取兩人的名字而成，即稱為「**周哈里窗**（Johari Window）」（左圖）。

橫軸是自己的認知，縱軸是他人對自己的認知，然後各自再分為「知道」、「不知道」共有四種自我範疇。首先，「**開放的我**」表示自己與他人皆知道的部分，相對於此部分，「**隱藏的我**」則是指自己知道但別人不知道的自己。

相反地，他人知道但自己沒有覺察到的部分，稱為「盲目的我」，而「未知的我」是自己與他人都不知道的部分。

不擅長稱讚的人，只曉得稱讚「開放的我」。因為這部分是自己和他人都知道的部分，即使受到稱讚也不會太高興。

例如，稱讚瑪麗蓮．夢露（Marilyn Monroe）非常性感，聽者會因眾所皆知而不足為奇。另一方面，如果不是與心理輔導專業人士諮詢的話，也很難稱讚或評斷「隱藏的我」和「未知的我」的部分。

總之，**稱讚對方沒有察覺注意的「盲目的我」**，對方就會深感意外而覺得你與眾不同。

周哈里窗：認識自我的四個範疇

美國心理學家喬瑟夫·魯夫特和哈里·英格漢，提出由自己所知道和不知道，以及他人所知道和不知道部分所展現的關於自我的四個範疇。

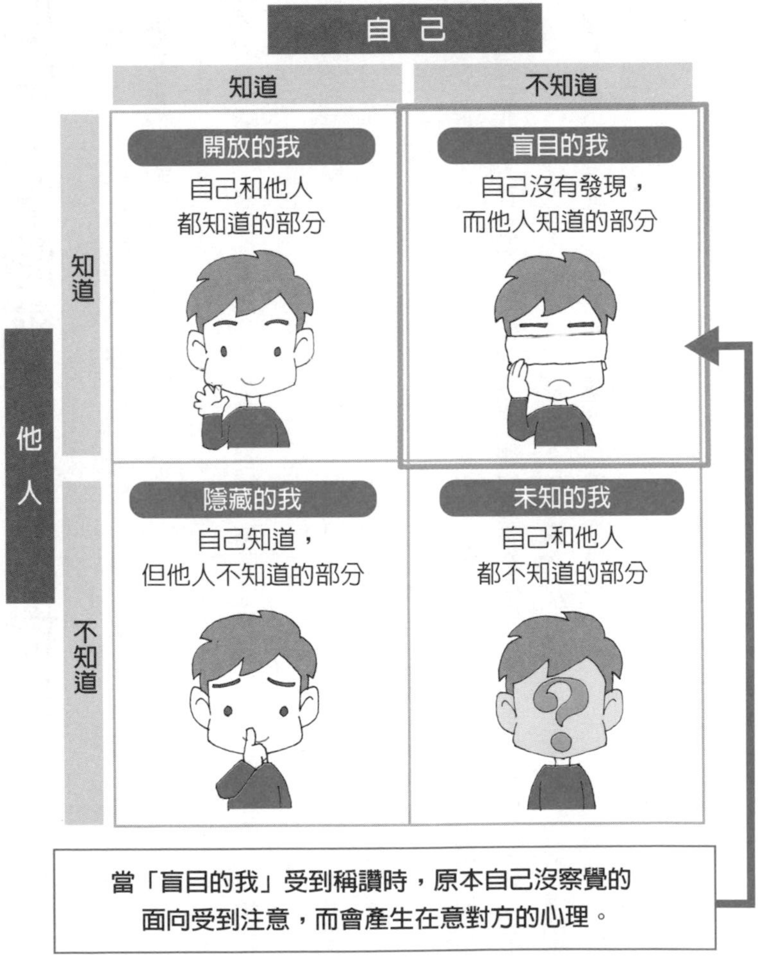
自己
知道
不知道
他人
知道
不知道
開放的我
自己和他人
都知道的部分
盲目的我
自己沒有發現，
而他人知道的部分
隱藏的我
自己知道，
但他人不知道的部分
未知的我
自己和他人
都不知道的部分
當「盲目的我」受到稱讚時，原本自己沒察覺的
面向受到注意，而會產生在意對方的心理。

對方心情低落時就是大好時機!?

精力充沛的時候，人會充滿自信且自我評價很高，而對他人的評價則相對較低。如果對方因工作挫折而感到沮喪時，是告白的大好機會。

人都有遇到挫折、感到不如意的時候。當碰到親人不幸、工作挫折、事故或災害等狀況，心中會感到不安且不知所措。如果心儀的異性遭遇到這些狀況時，也許是告白的好機會。

人感到不安或沮喪時，會想要親近的人在身邊，即為「**親和需求**」；因為和自己覺得安心的人在一起，能減緩不安情緒。

曾經有過在大停電的9個月後爆發嬰兒潮，或是震災後決定結婚的人大幅增加的報導，正是因為「親和需求」所導致。

而這也可以用「**自尊理論**」來說明。例如精明幹練的職業婦女，工作態度積極且親力親為，職涯發展非常順利並受到旁人高度評價時，會提升自我評價，而給對方較低的評價。

但是，當自己信心滿滿工作卻遭遇失敗時，會因心情沮喪而降低自我評價，而對方的評價則會相對提高。

也就是說，如果當**對方心情沮喪時，伸出援手並釋出善意，讓對方看到自己的魅力進而喜歡自己**，雖然有點趁虛而入的感覺，但心理學的研究將對方心情低落情形視為告白的最佳時機。

痛苦不安時，「親和需求」越高

「親和需求」是人感到不安或沮喪時，會想要親近的人陪在身邊。

大停電後爆發嬰兒潮，或是震災後決定結婚的人增加等現象，正是「親和需求」所致。

利用「自尊理論」的戀愛技巧

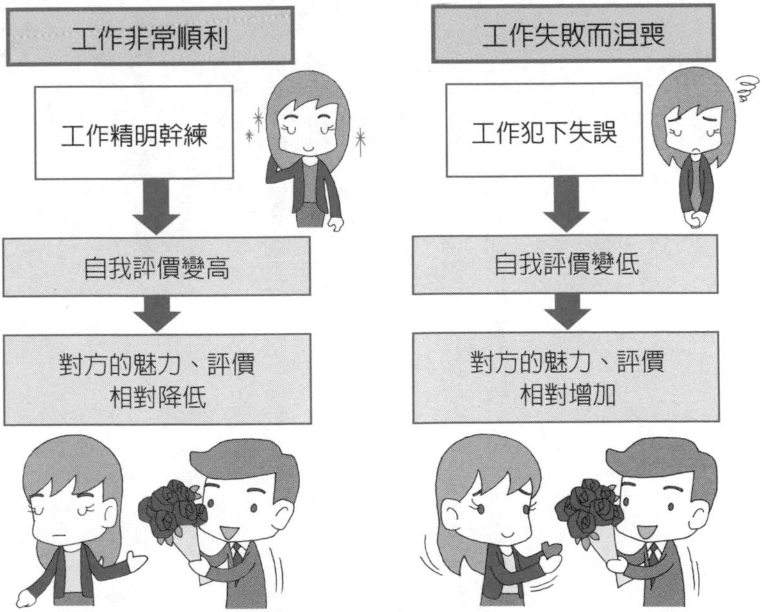

朋友的助攻相當有效

在心儀的人面前，讓身旁的朋友稱讚自己的優點；如此一來，透過朋友的加油助陣，對方一定會被你的魅力所吸引。

買衣服時，一旁的朋友說好看的話，是不是就會想要買？自己覺得普通的衣服，朋友或店員說很適合時，是否不自覺也認為好像很適合自己。

像這樣配合旁人的意見而採取行動，稱為**「從眾行為」**（第90頁）。所羅門·阿希（Solomon E. Asch）的實驗中，故意讓參與實驗的暗樁回答錯誤的答案時，因為周遭他人產生的從眾壓力，導致答題正確率下降（第91頁）。

在感情上，其實很多人都會不自覺地運用此方法。參加聯誼或聚餐活動時，若知道心儀的對象會參加，**可事先拜託朋友「多稱讚自己」**。若能在心儀對象面前受到大家一致稱讚，這樣對方也會跟隨周圍的人一樣，感受到你的魅力。

此時，要注意兩個重點。第一是有三名以上朋友稱讚的話，能提升效果。若其中一人持反對意見，會大幅降低成效，所以務必事先溝通好，要全體意見一致。

但是，對於自我價值觀感高度自信的對象，也許效果有限。即便如此，要求自己表現長處，並不是件容易的事，而間接讓對方知道的這個作戰方法，還是有效的。

利用「從衆行為」的戀愛技巧

配合身旁衆人的意見，採取相同行動的「從衆行為」，在從衆人數多、社會壓力（從衆壓力）大時，人更容易採取從衆行為。

產生從衆行為的因素

情報的影響
相信他人的情報

範本的影響
不想被討厭

↓

從衆

↓

戀愛技巧的運用！

在心儀對象面前，受到大家的稱讚

3 人以上效果增加

1 人反對效果減少

對自我價值高度自信的對象，效果有限

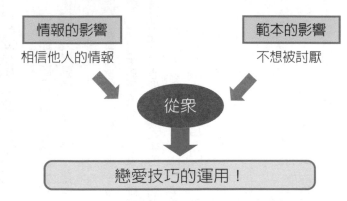

心跳加速時最適合告白

如果想和異性突破朋友關係，發展成為戀愛關係的話，吊橋效應會是有效的方法。遊樂園的恐怖經驗或運動時的心跳加速，是自己對戀愛的錯覺。

和自己喜歡的人在一起時，會一直感覺心跳加速、興奮不已，喜歡的情緒會讓身心都產生興奮的狀態。也就是說，雖然是因喜歡而心跳加速，但心理學情緒產生的理論則認為是因心跳加速所以喜歡，現今這兩種說法都成立（**情緒的二因素理論**：Two-factor Theory of Emotion）。總之，心跳加速時和對方在一起，誤以為自己陷入愛河的可能性很高，這稱為「**吊橋效應**」。

加拿大心理學家唐納．達頓（Donald G. Dutton）和亞瑟．阿隆（Arthur P. Aron），集合了18至35歲的單身男性，分別在深山溪谷中高70公尺會搖晃的吊橋，與在溪流上高3公尺、堅固不會搖晃的水泥橋上實驗。在兩座橋的中央，都有位同樣美麗的女子，突然請求他們協助問卷調查，並告知：「若想知道結果，日後可來電詢問。」結果，在會搖晃的吊橋上填寫問卷的男性，有超過半數之後會打電話詢問結果；而堅固不會搖晃的水泥橋，只有12%的男性打電話詢問結果。

原因正是在又高又搖晃的吊橋上，心理深感恐懼的男性們，將因恐懼產生的心跳加速誤以為是對做問卷調查女子的心動感覺。

簡言之，想與異性朋友進一步發展成男女朋友關係的話，**約會時一起去運動，或是去遊樂園鬼屋或搭雲霄飛車等會讓心跳加速的活動，將會很有效果**。這是因為錯把環境引起心跳加快的感覺誤以為是心動，而產生戀愛感覺。

吊橋理論的戀愛技巧

在窄長且搖晃不穩的吊橋和穩固的吊橋中央，有位年輕女性請求男性協助問卷調查，並表示如果後續想知道結果的話，可電話洽詢。

高 70 公尺、寬 1.5 公尺，扶手很低又搖晃不穩的吊橋

請配合問卷調查，如果想知道結果，可來電詢問。
數日後……
超過半數電話詢問

高 3 公尺、很寬又堅固的水泥橋

請配合問卷調查，如果想知道結果，可來電詢問。
數日後……
12%會電話詢問

站在又高又晃的吊橋上心裡深感恐懼的男性們，會因恐懼產生興奮感，誤以為對問卷調查的女性心動。

用於戀愛技巧中的吊橋效應

運動或遊樂園裡讓人心跳加速的活動，會讓人誤以為對對方動心了，進而產生戀愛的感覺。

Column 6

請獨自檢討聯誼的問題

男女聯誼活動結束、解散後，女性朋友們常會聚在一起說說聯誼的感想，彼此熱烈討論與檢討。坐在妳面前的那位男性如何？」、「穿得太潮太花了」、「那件衣服不合適」、「如此說來，長得好像也不怎樣」等，大家一起議論紛紛時，自己有點心儀的對象評價也變差了。當然，也會有相反的情況，沒什麼特別的男性在眾人強力推薦後，也會不自覺說出「的確不錯」。

這是由於談話交談中，記憶受到影響，因而形成了偽記憶(False Memory)。

給兩組受試者觀看車禍相撞的影像，請他們推估相撞時的車速是多少，詢問一組「車子相撞時的時速是多少」，另一組則詢問「車子猛撞時的時速是多少」。前者回答「約60公里」，而後者回答「約120公里」。觀看相同影像的記憶，因提問的方式不同而出現不同的答案。

在另一個實驗中，請受試者先觀看某個家族一天生活的影像，在提問影片相關問題時，事先加入了「飼養的狗多大」的問題。但實際上，該家族並沒有養狗，結果很多人回答好像有養狗或看到有狗的答案。

簡言之，與數人交談並提及聯誼事宜時，容易完全變成偽記憶，建議還是獨自檢討聯誼的問題比較好。

Chapter

6

戀愛心理學

[交際篇]

以暱稱或名字稱呼

若想長久穩定交往的話，就必須重新檢視和調整兩人之間的對話方式。分手的情侶中，大多不會以彼此的名字或暱稱來稱呼，自我揭露的範圍也較狹隘。

聽一對情侶的對話，就能在某種程度上瞭解這對情侶是否能長久交往。**最重要的是對話的頻率多寡**，若約會時兩人都只顧著滑手機，很少互動，那就必須多加留意了。

「**社會滲透理論**」中提到，一個人的個性會以同心圓的方式，從慾望等核心部分一路拓展到言語、行為等外層，而戀愛關係的進展卻相反，是由個性的外層部分往中央滲透而成，這個過程是透過「**自我揭露**」（第132頁）來進行。所謂的自我揭露，指的是以言語等溝通方式彼此敞開內心，也就是必須透過對話才能有所進展。

實際調查60對瀕臨分手夫妻的親密感及自我揭露情況後可知，這些夫妻不僅雙方親密感逐漸減少，自我揭露的範圍也變得越來越狹隘。

此外，感情關係無法長久的情侶對話中，還出現了另一項特徵，那就是不叫對方的名字。根據加州大學查爾斯．金（Charles King）博士的研究，在55組情侶當中，不稱呼彼此名字的情侶，竟然有高達86％的比例在調查後的5個月內分手。

他人稱呼自己的名字時，容易讓人產生自己的獨立人格受到認可的喜悅感。此外，相較於姓氏，以暱稱或名字互相稱呼對方，兩人的關係也會更加親密。呼喚對方的名字可顯現親密感，**因此談戀愛時，互相稱呼彼此的名字或暱稱就是維持長久關係的訣竅**。

從稱呼的方式掌握距離感

聽到他人叫著自己的名字，容易因覺得自己的獨立人格受到認可而感到喜悅。相較於姓氏，以名字或暱稱互相稱呼，也可顯現兩人之間的親密關係。

容易分手的情侶特徵

根據加州大學查爾斯・金博士的研究，在 55 組情侶中，不以名字互相稱呼的情侶，竟然有高達 86%的比例，在調查後的 5 個月內分手。

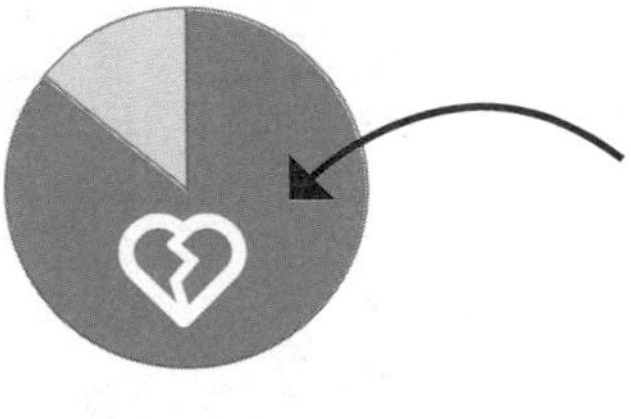

不以名字互相稱呼的情侶中，竟有 86%很快就會分手！

維繫感情長久的戀愛三元理論

當熱戀期的小鹿亂撞感受消失後，就會有人覺得感情已經淡掉，進而尋找下一段戀情。不過，長時間的情感關係就是這麼一回事，因此先瞭解「戀愛三元理論」，讓戀情更長久吧！

當初戀愛時多麼熱情如火，久了之後卻覺得少了點什麼。因此，不少人為了尋求令人心跳加速的感情，便選擇劈腿、外遇。

心理學家羅伯特·史坦伯格（Robert J. Sternberg）認為，檢視是否戀愛需看三大要素，包括「親密」、「激情」，以及「承諾」。

首先，**「親密」指的是呈現彼此相愛或親密程度的情感要素**，而**「激情」則是對彼此的身體、性關係的慾望強烈程度，也是發展成戀愛關係的動機要素**。至於**「承諾」，則是代表雙方有多瞭解彼此，意識到能否離開對方的程度**，屬於認知性要素。

根據三要素的強弱，又可構成八種情感類型，而這就是所謂的「戀愛三元理論」（如左圖所示）。

此三要素都具備者，屬於「**完美之愛**（Consummate Love）」；有親密卻缺乏激情與承諾者，是「**喜歡**（Liking）」；只有激情者則為「**迷戀**（Infatuated Love）」；缺乏激情與親密，空有承諾為「**空洞之愛**（Empty Love）」；有親密與激情，卻無承諾者為「**浪漫之愛**（Romantic Love）」；有親密與承諾，缺乏激情者屬於「**同伴之愛**（Companionate Love）」；有激情與承諾，卻無親密者是「**愚昧之愛**（Fatuous Love）」；三者皆缺乏時，則歸類為「**無愛**（Nonlove）」類型。

想要維持長久的感情關係，必須讓這三大要素達到平衡，但隨著時間流逝，兩人的關係也會有所變化。交往時間較長的情侶或夫妻之間，雖然已沒有當年心跳加速的感受，但也正是關係穩定的證明。

史坦伯格的「戀愛三元理論」

心理學家史坦伯格認為感情是由親密、激情與承諾等三大元素所構成，並提倡以此為根據的「戀愛三元理論」，不同強度的三大元素可分類出八種戀愛類型。

愛的三角形

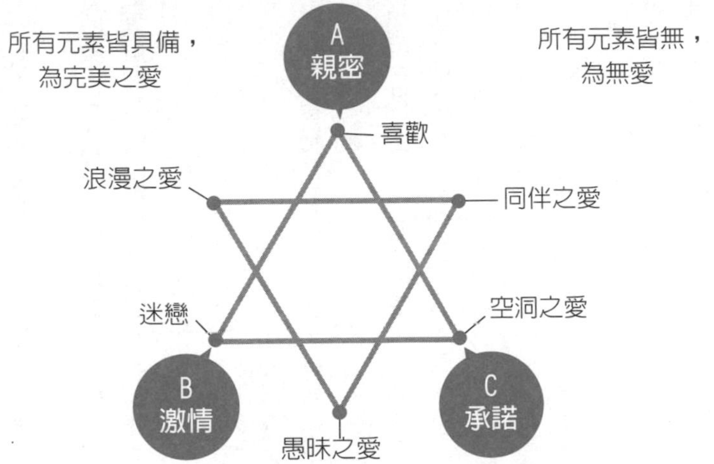

八種情感類型

完美之愛 ＝親密、激情、承諾等三元素皆具備

喜歡 ＝有親密，卻缺乏激情與承諾

迷戀 ＝有激情，卻缺乏親密與承諾

空洞之愛 ＝有承諾，卻缺乏激情與親密

浪漫之愛 ＝有親密與激情，卻缺乏承諾

同伴之愛 ＝有親密與承諾，卻缺乏激情

愚昧之愛 ＝有激情與承諾，卻缺乏親密

無愛 ＝親密、激情、承諾等三元素皆無

明明互相喜歡，為什麼不斷爭吵？

靠得太近就會吵架，一分開卻又覺得寂寞。就像「刺蝟困境」這個寓言般，若想要維持良好關係，必須確實理解男女的差異性，保持一定的距離。

明明兩人互相喜歡，但只要待在一起，就容易與對方吵架。就像「感情越好越會吵架」的說法般，當兩人感情越好，距離更近以後，就比較不會顧慮對方感受，進而發生爭執。

心理學家利奧波德．貝拉克（Leopold Bellak）將這個現象命名為「**刺蝟困境**（Hedgehog's Dilemma）」。

這個名詞源自於德國哲學家亞瑟．叔本華（Arthur Schopenhauer）的寓言故事：某個寒冷的日子，兩隻刺蝟想互相依偎取暖；不過一旦太靠近，身上的刺就會螫傷對方，但一分離卻又覺得寒冷。

也就是兩人靠得太近就容易吵架，一分開又感到寂寞的兩難處境。**與其受此困境所惱，不如找到雙方適當的距離較理想**。

男女的大腦構造本來就不同，**女性有煩惱時，多會透過談話消除壓力；但男性則想獨處，好好思考問題**。女性較愛聊天也是因為這樣，希望對方可以聆聽自己的煩惱，獲得認同感。每到這種時候，像是「我可以理解你的心情」、「你沒有錯」等安慰言論是最理想的回答。

然而，男性在談話時，會追求合理性及目的，往往較不擅長聆聽他人的怨言，以及與對方產生認同感。相對地，當男性獨自煩惱時，聽到女性問「發生什麼事？」「告訴我吧」等尋求認同感的言論時，便有可能更容易感到厭煩。

因此，**事先瞭解男女的差異性，保持適當距離**，才是延長雙方關係的訣竅。

刺蝟困境

源自於德國哲學家叔本華的寓言故事：兩隻刺蝟為了取暖而互相依偎，但太靠近就會刺傷對方，一分開卻又覺得寒冷。
也就是兩人靠得太近就容易吵架，分開又感到寂寞的兩難處境。

兩人感情加深而拉近距離，
就容易因無所顧忌而引發爭執。

必須找出兩人之間的
適當距離

因男女差異而引發的爭執

男性有煩惱時就希望獨處，女性則希望藉由談話消除壓力。此外，在對話中，女性追求的是認同感，男性則注重合理性，雙方容易因此觀念差異而發生爭執。

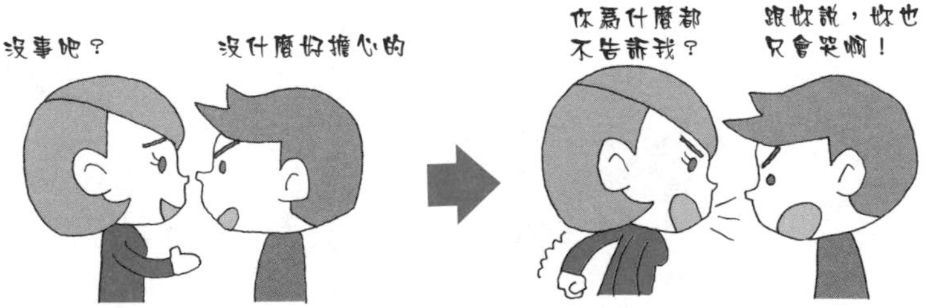

吵架時，請先嚥下那口氣冷靜一晚

一點小爭執只要吵得越兇，就越有可能導致分手。尤其在爭吵時，往往會脫口說出意想不到的話，這在心理學中稱為語文遮蔽效應。

你是否有過這種經驗：一生氣就開始爭吵，更趁著怒氣說出心中所想，但事後回想，卻不禁疑惑自己怎麼會說出這些話？

爭吵，是一種負面的溝通方式，即使自己內心也覺得不過是些小事，但只要負面溝通越演越烈，就有可能導致情侶分手。

隨著怒氣或悲傷情緒脫口而出的話語，通常也並非出於本意。其實，**將情緒立即化為實際言語，反而代表不夠理解自己，無法掌握自己內心深處真正的情緒**。

這在心理學中稱為「語文遮蔽效應（Verbal Overshadowing Effect）」，意指將浮現於內心的情緒或想法立刻訴諸言語時，會僅停留在語言表面的理解，並無法真正明白內心的感受。

況且，不是爭吵最激烈的時候，就已經無法將自己的情緒確實化為言語表達出來了，更何況是激動得無法判斷事物時，更加無法準確地以言語傳達心情。

人在生氣或悲傷的混亂情緒下，就算原本未記在心上的事情，都會順勢脫口而出。然而，這種語文遮蔽效應只是一時的現象，經過一個晚上就能徹底冷靜下來，客觀地重新檢視自己。

因此，**建議在爭吵時，先忍下那一口氣，冷靜一晚較為理想**。

爭吵就是一種負面溝通模式

吵架是一種負面溝通方式，即使自己內心也認為不過是雞毛蒜皮的小事，但一旦負面溝通加劇，就有可能導致情侶分手。

爭吵時的語文遮蔽效應

情緒或想法

↓

立刻化為言語 ← 語文遮蔽效應

↓

大多並非出於本意

生氣時先不要說話，並冷靜一晚

理想的吵架方式

引發爭吵的小事，是種下日後分手的種子。
運用壓力的處理方式，學習將激烈的爭吵順利平息的方法。

你是否曾有過因一時情急氣憤就爭吵，並順著怒氣隨意說出心中的話來互相傷害，而往往在事後回想爭吵的內容，是否又埋下將來吵架的新火種呢？每對情侶一定或多或少都會吵架，只要學習理想的吵架方式，即可順利平息爭執。

此時，就要運用心理學上的「**壓力因應**（Coping）**理論**」。所謂因應，指的就是處理問題的意思，控制對壓力的反應或降低壓力的處置行動。吵架，可視為壓力的一種，來自對方的譭謗中傷，會引起新的壓力反應。因此，對於處理壓力的因應理論，正是不激化嚴重爭吵的有效方法。

舉例來說，想解決問題，可以直接處理問題的癥結或是找人討論，以下有**徹底解決壓力來源**的「**問題中心的因應**」，和以減輕壓力為目的，**改變想法轉換心情**、**推遲延後處理問題**，**以緩和不愉快心情**的「**情緒中心的因應**」等兩種壓力的因應策略。

快要吵起來時，首先冷靜地尋找原因，試試看能否解決問題吧！但是，已經開始白熱化激烈的爭吵，就不太可能這麼做了。

可以喝杯咖啡讓心情平靜下來或是來個中場休息，反正就是先暫緩問題，擇日再來溝通比較好。

運用壓力因應理論處理爭吵

處理壓力的因應理論，即使是情侶間的爭吵也能運用。

①問題中心的因應

徹底解決壓力來源的處理方法。

積極解決問題：直接面對問題癥結之處，找出問題真正的原因，徹底解決壓力來源。

請求協助管道：找信賴的人討論。

②情緒中心的因應

不是採取直接解決問題的行動，而是先緩和不愉快的心情。

嘗試改變想法：透過改變想法或觀念，找尋新的應對方法。

設法轉換心情：從事能平靜心情的興趣、嗜好或旅行等，轉換情緒。

推遲延後處理：無論如何先拋開問題，暫把問題放一邊。

放棄執著心態：如果還是沒有好的解決方法，只好放下執著接受它。

交際篇

為什麼會劈腿？

有慣性劈腿的男性和外遇的女性。那麼，人為何會冒著明知會破壞兩人關係的危險而劈腿？若瞭解其原因，就可以採取處理對策。

劈腿，常是情侶或夫妻間決定分手的原因。那麼，人為什麼會劈腿？

有一派是以生物學的遺傳基因策略說為主張，也就是男性為了留下更多自己的遺傳基因，而想與非特定的多數女性發生關係。另一方面，女性不是因為想增加自己的遺傳基因留存的機會，而與非特性的多數男性發生關係，而是盡可能地挑選優秀的對象。

簡言之，女性劈腿的原因，極可能是因為想得到比伴侶更優秀的遺傳基因。

除了演化心理學的概念之外，對於劈腿也還有各式各樣的原因，例如生活長期枯燥乏味、毫無樂趣，不愛護自己、外遇對象的柔情等，像上述這些理由多數是與「欠缺原則」和「自我膨脹」有關。

「欠缺原則」是指伴侶不夠細心溫柔、無法滿足性需求，或是沒有新鮮感的刺激等，**兩人之間無法滿足的部分，轉而從外遇對象那獲取**。

「自我膨脹」則是**外遇的對象對自己沒有察覺到的優點給予高度評價，或總是能帶給自己與以往不同的體驗感受**。

因此，避免被劈的對策是改善自己欠缺不足的地方，讓對方看見自己的優點，提供新鮮的體驗感受。

因「欠缺原則」和「自我膨脹」的劈腿

劈腿的原因林林總總，原因大多與「欠缺原則」和「自我膨脹」有關。

欠缺原則

伴侶不夠細心溫柔、無法滿足性需求，或是沒有新鮮感的刺激等無法滿足的部分，轉而找外遇對象來彌補。

自我膨脹

外遇的對象對於自己沒有察覺到的優點給予高度評價，或總是給自己帶來不同以往的體驗感受，發現新的自我。

避免被劈腿的對策

- 改善自己所欠缺的部分
- 給予性需求的滿足
- 找出對方的優點並多稱讚
- 從事新鮮的體驗感受

男女雙方原諒伴侶外遇的原因不同

女性厭惡男性精神上的外遇，男性則厭惡女性身體上的外遇。

如果男女原諒外遇的原因大不同的話，被發現外遇時的處理方法一定也不同。

你是否曾聽過面對丈夫外遇的妻子生氣地說，如果我像你一樣外遇的話就離婚。至於原諒外遇的原因，男女完全不同。

華盛頓大學拉森（R. Larson）博士調查了以下哪種情況會令人產生心理不安。

A：當知道伴侶被別人吸引，而且信賴對方並擁有共同的祕密時。

B：當知道伴侶與別人發生性關係，並樂於享受各種姿勢時。

結果顯示，男性大多選擇B，而女性選擇A。簡言之，男性對於女性肉體的背叛、女性則對於男性精神上的背叛，會產生心理不安。

男性的恐懼是對小孩是否為自己親骨肉的不確定感所導致。美國有所謂「小孩是媽媽的，但或許是爸爸的」說法，因為女性只要犯一次失誤的話，男性就有可能替別人養小孩。

所以，男性絕對不允許伴侶肉體的外遇。

另一方面，即使伴侶外遇，女性也能百分百確定是自己的小孩。但是當男性被外遇對象深深吸引的時候，女性在生活層面上可能會衍生出各種問題，所以不允許男性「精神上的出軌」。

而且，**就算外遇被發現，只要男性不是認真的，而女性沒有肉體上的關係，就有可能會原諒對方**。

男女性原諒伴侶外遇的原因不同

華盛頓大學拉森博士調查了下列哪種情況會令人不安。

A：當知道伴侶被別人吸引、信賴對方，還擁有共同祕密的時候。

B：當知道伴侶與別人發生性關係，並樂於享受各種姿勢的時候。

女性對於精神上的背叛感到不安

男性對於身體的背叛感到不安

就算外遇被發現，只要男性不是認真的，而女性沒有肉體上的關係，就有可能原諒另一半。

交際篇

絕對不能說出口的地雷

絕對不要在男性或男朋友面前，批評他重視的人事物。根據弗里茨．海德的「認知平衡理論」，當評論男友友人的瞬間，也就是彼此關係交惡的開始。

不論關係再好的情侶，也有絕對不能說出口的事，那就是批評男友的男性友人。當女友批評男友交往多年的死黨，如「你的朋友，感覺很差勁」或是「怎麼會和這種人當朋友」，而男友說「妳什麼都不知道，為什麼要這樣說」時，最糟的情況是開始吵架。

第122頁中介紹過美國心理學家弗里茨．海德（Fritz Heider）提倡的「**認知平衡理論**」，自己、男友和男友好友三者的關係如左圖所示，用「＋」和「－」表示。若三者相乘合計為負，就會變得不平衡，所以無論如何都要恢復成正的平衡狀態才行。

對男性來說，當好友被批評時，整體關係為負，必須要再有一個對象為負，才能使三者相乘合計為正。

為了解決此問題，也許必須和你的關係為負，才有可能達成平衡。簡言之，**當批評男友死黨的瞬間，你與男友間的關係，就有可能會惡化。**

而這不僅限於男性朋友們間，男友一直以來的興趣與嗜好、蒐集珍藏、甚至是姊妹們或姪女等家族親戚、心中景仰的人物、明星等，像這類的事情也是絕對不能說出口的地雷。

吵架時要小心留意對方的地雷區，不要隨意批評他們的缺點。

利用「認知平衡理論」迴避地雷區

美國心理學家弗里茨・海德所提倡的「認知平衡理論」指出，對象間的關係以「＋」、「－」表示，當三方關係相乘合計為負時，就會不平衡，所以無論如何都要恢復平衡狀態才行。對男性而言，朋友或興趣被貶抑時，整體關係為負，為了解決此問題，也許必須與你的關係為「－」，才有可能達成平衡。

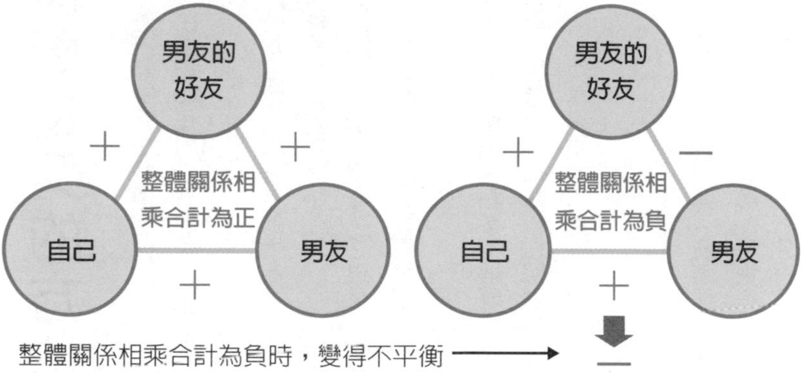

不討厭男友的好友時

討厭男友的好友時

不要批評男友的好友或其重視的人事物

讓關係更長久的方法

如何能讓戀愛或夫妻關係發展更穩定呢？

首先，重要的是能否站在對方立場考量事情，並秉持正面思考來看對方的行動。

因相愛而在一起，最後卻因相處問題而分手的情侶很多。那麼，要如何維持長久穩定的關係呢？

美國有心理學家以200組情侶為對象進行調查，結果發現，越是能理解對方的立場，並站在對方的立場思考事情，就越能維持長久的關係。

你是否曾在吵架的時候說過「為什麼你一點都不理解我的心情」，或是「站在我的立場想想」等類似埋怨對方的話呢？其實彼此期望的事，只是希望對方能有同理心而已。

另一方面，關係惡化並產生決裂的想法，與「歸因理論（Attribution Theory）」有關。「歸因理論」是指追究原因為何的理論，而心理學者T. N. Bradbury，將此理論運用於人際關係的分析上。

Bradbury認為情侶間關係良好與否，在於是否符合對方期望的行動歸因所致。簡單來說，就是尋找因果關係。

研究結果顯示，關係冷淡的情侶，即使是對方期望的行動，會歸因於是因被要求（外部因素）、偶爾為之（不確定因素）、僅此一次（特殊因素）等；反之，是對方不期望的行動時，認為是性格不好（內部因素）、總是如此（定型效應）、其他也不行（涵蓋性）等原因，而逐漸陷入惡性循環中。而**讓關係更長久的方法，需要重新檢視這些歸因**。

關係終結的原因

1、不能換位思考（同理心）

關係不佳的情侶

較不會站在對方的立場考量，同時又會埋怨對方「為什麼一點都不瞭解我的心情」，常因對方的不理解而莫名生氣。

關係良好的情侶

感受到對方體貼的行動或關心時，會確實表達謝意。當對方情緒低落、神情緊繃時，會詢問或關懷，能站在對方的立場考量。

2、讓關係出現裂痕的想法（歸因理論）

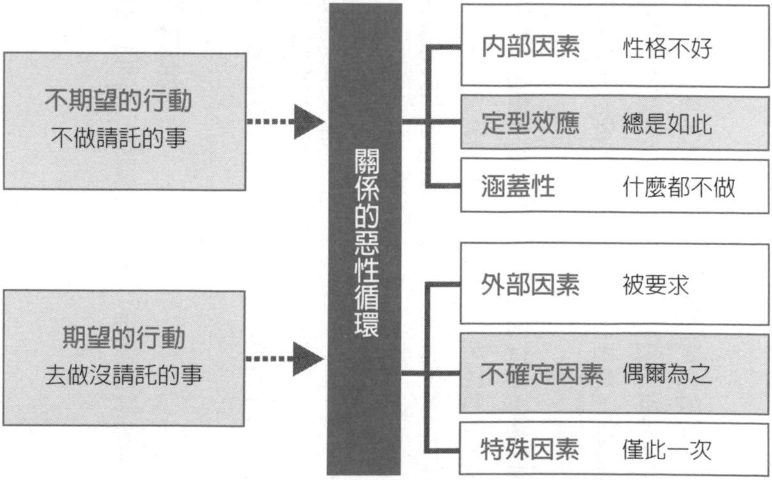

為什麼遲遲沒有求婚？

遲遲不敢跨出結婚這一步的情侶越來越多。一部分的原因是因為男性特有的「彼得潘症候群」或草食男增加的關係，而且結婚所重視的事情也有很大的變化。

交往很久卻總是不提結婚的男性，正在逐年增加。女性因為生理上有停經的問題，因此能夠生育小孩的期間有限，這對沒有規劃要生小孩的人影響不大，但是如果想生小孩，卻在30歲後才結婚的話，能不能順利懷孕生子就會成為問題。

雖然近年來，男性也有很大的經濟壓力問題，現在有如美國心理學家丹·凱利（Dan Kiley）提出的無法獨立自主、不負責任、習慣隨心所欲、態度輕鬆等的「**彼得潘症候群**（Peter Pan syndrome）」的人不斷增加，指的就是對戀愛或結婚消極的男性，這與日本常見的「**草食男**」（第168頁）具有相通的特性。

更進一步來說，就算成為情侶變親密了，長期交往後也會產生變化。

心理學家慕斯汀（Bernard I. Murstein）提出的SVR理論，指的是人從交往到發展成親密關係的過程。

第一階段為刺激階段，指**一開始相識時，重視對方外貌長相**；開始交往後進入第二階段，為價值階段，**重視對方的想法或興趣等價值觀是否契合**，但是隨著關係發展逐漸親密，而步入婚姻的第三階段——角色階段，這時重點在於**表現關係中相互扮演的角色的行動，這非常重要**。

若無法因應這樣的變化，結婚將會變得困難。長得漂亮，又是模特兒的女性不易結婚的原因，或許就是無法適應刺激、價值、角色各階段重視的項目變化所致。

從初識到結婚的 SVR 理論

1 S 階段 (Stimulus)

刺激階段（初識）

初識時，會受對方外貌長相、言談舉止、風采等刺激所吸引。

2 V 階段 (Value)

價值階段（交往）

隨著逐漸交往，對方的想法或興趣等價值觀是否契合，變得很重要。

3 R 階段 (Role)

角色階段（結婚）

結婚後，最重要的是扮演角色的責任分擔。

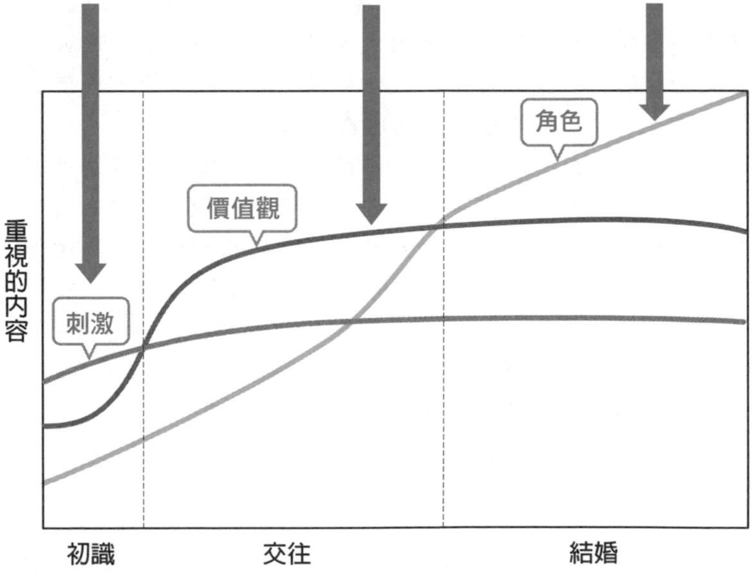

Column 7

糖果與忽視比糖果與鞭子更有用

在行為心理學中，掌控對方的方法之一，即是若做了符合期待的事，就給糖果（報酬）；反之，就給鞭子（處罰）的「外在動機」為基本的原理。舉例來說，為了訓練T型迷宮內的老鼠成為「只向右方前進的老鼠」，於是在T字路口的右邊放置誘餌（報酬）、左邊裝置電擊器，任老鼠試行幾次後，最後老鼠一定會都往右轉。

但是，隨著糖果（報酬）和鞭子（處罰）的做法不同，也可能會帶來削弱行為動機的反效果。例如給糖果（報酬）的做法中，原本自己想做的內在動機因為給予報酬而變成外在動機，削弱內在動機，此為「過度辨證（Undermining）效應」。另外，也要注意鞭子（處罰）的方式，老鼠的實驗中，當增強電擊程度而發生觸電時，老鼠突然害怕鞭子（處罰），當場全身蜷縮並失去力氣。因此可推測老鼠認為不如不要冒險，原地不動才是比較安全的適當方法。

事實上，人也一樣。明明是要激發對方的動機，若用鞭子就不太會有效果；比起鞭子，忽視（輕忽、漠視）對方反而會比較有效。也就是說，對方做了符合期望的行動，就極力讚揚；反之，做了不符合期望的行動，就視而不見。誤將鞭子當成「尋求理睬」的行為，而產生變成糖果（報酬）的可能性，是忽視會比鞭子有效的原因。所以，想掌控男友時，糖果與忽視會比糖果與處罰來得更有效。

Chapter 7

戀愛心理學

[感情問題篇]

無法戀愛的心理

沒有男、女朋友紀錄的人，也就是實際上沒有戀愛經驗的人正逐漸增加。為了避免失戀風險的心理作用，把絕對不會被拒絕的虛擬二次元中的人物，當成戀愛對象的人也不斷增加。

現今且先不論結婚，連戀愛都不曾談過的人也正急速增加。與自己同年，但卻不曾交過男（女）朋友的人並不在少數。這是因為日本受到少子化的影響，每年新學期，小學、國中及高中重新編班的機會減少，現實生活中與異性接觸的機會減少也是原因之一。

然而，**最主要還是因為極度害怕受傷，想將風險降至最低的心理所導致**。

所謂的「**草食男**」，會逃避失戀所遭受的情傷，不論是約會或是告白，要是成功機率不高的話，就不會主動追求對方。因為沒自信而一直等待對方的邀約，說什麼也不願跨出第一步。

另一方面，最近流傳缺乏女性魅力的「**自卑女**」，這裡說的女性魅力是指「女子力」（譯註：泛指女性在日本社會與職場生存的能力，如善於發揮自己身為女性的長處，精彩動人並活出自我的能力，對異性充滿吸引力等）的表現。在旁人看來明明不是問題，而她們自己卻提高理想對象的門檻，結果不但喪失自信，對戀愛的態度也變消極。

更進一步，對動漫美少女抱有強烈好感的「**動畫御宅族**」，或是陷入貌美同性戀人物的「**腐女**」們，這些人共同的特徵，就是**將戀愛的對象設定在虛擬的世界，自己便不會被否定或拒絕**。特別若是腐女曾被同性戀者追求過，又與男同性戀者關係密切，即過去稱為「和男同性戀者廝混的女性」，往往因為自己並不是對方的戀愛對象，而感到安心的關係。

草食男與自卑女

太麻煩了

草食男

- 個性怕麻煩又消極
- 面對比自己強的人就退縮
- 討厭冒險
- 不喜歡變動，傾向安定生活

眼睛小、鼻子塌……
這樣真的會有人喜歡嗎？

自卑女

- 自認沒有女子力
- 「自我期許」太高
- 表現過於害羞
- 自我評價很低，受到稱讚也沒自信

逃避現實的二次元御宅族

在現實生活中，「腐女」或「動漫御宅族」害怕被拒絕，因此寧願成為宅男宅女。

抱歉

關係越好，惡化時就越嚴重

被稱為模範夫妻的藝人們，常上演陷入泥沼的離婚風波，這其實也不足為奇。因為關係越好，惡化時就越嚴重，這點在心理學上已獲得證實。

交往一段時間且彼此越來越熟悉之後，兩人的關係一定會產生危機，這時若是不小心走錯一步，關係惡化的狀態將會越來越嚴重。

至於關係惡化的過程會拖得很長，還是很快結束，受以下三個要素影響。

第一、自己與對方一體感的「**親密程度**」。

第二、一起生活或活動的時間長短、是否想努力維持關係等問題有關的「**相互依存程度**」。

第三、是與對方相互扶持程度多寡有關的「**扶持自我的程度**」。

此三要素程度越強，關係至崩解前所需要花費的時間會很長。

其實這些要素也是強力連繫情侶在一起的力量，是和伴侶維持長久浪漫關係的要素。簡言之，彼此間的關係越好，一旦關係開始惡化，陷入泥沼的時間也就越長且越糟糕。

依據G. Levinger 的分析，當情侶關係惡化，產生「只能考慮新的生活了」、「除了對方以外，還有其他能成為伴侶的對象」、「最後，即使努力也無法維持關係了」、「已經厭倦維繫這樣的關係」等想法時，關係將會更惡化，終至萬劫不復的狀態。

如俗語「愛得越深、恨得越深」所形容般，原本的關係越好，在**感情出現裂痕時，就更會陷入泥沼狀態、難以脫身**。

會陷入長期泥沼關係的情侶？

①兩人的關係太過親密
②過於依存及依賴彼此
③認為「沒有對方活不下去」

這三種情況相互融合作用時，雖然「甜蜜的關係」能持久，但當感情出現裂痕時，就會陷入泥沼狀態、難以脫身。

與伴侶的關係加速惡化的原因

依據 G. Levinger 的分析，當關係惡化而對方又產生以下想法時，關係將會更惡劣。

▶「只能考慮新的生活了」
▶「除了對方以外，還有其他能成為伴侶的人」
▶「最後，再努力也無法維持關係了」
▶「已經厭倦維繫這樣的關係了」

為什麼只有自己不斷付出？

自我評價低的人，會非常感謝願意與自己交往的對象，於是無怨無悔地為對方付出。但只要有自信，對方一定會給予高度的評價，也能對等相待。

你是否曾經有過自己不斷付出，而對方卻毫不重視的經驗？其實這完全是「迷戀者的弱點」所導致。愛越深的一方立場越薄弱，不由自主地不斷為對方付出，這種為主人或大男人主義丈夫貢獻的心理，即為「**最小關心的原理**」。

這也可以由**社會交換理論**來解釋說明。因為**自己為對方付出精神（精神的成本）與從對方獲得所謂愛情的精神上報酬，兩者能得到平衡的結果**。雖然周遭旁人不懂為什麼被剝奪了時間、勞力及金錢等，還會對那種人犧牲奉獻？但因為對當事人而言，已經取得了精神上的均衡交換。

然而，明明幾乎是沒有回報的愛情，卻仍然願意一廂情願地單方面付出，這有可能是罹患了戀愛依存症，認為要完全依照對方所說的去做、只要對方不在身邊就會難以忍受、不安，必須仰賴對方的存在才能活下去的關係。因此，不斷為對方犧牲奉獻的人，多數自我評價都較低，常感到不安或是嫌棄自己，不自覺地成了照單全收的人。

自我評價低，卻又委屈自己為對方付出一切的人，也會讓對方對自己的相對評價越來越低，他們進而擔心若不繼續付出更多，關係將會無法維持，於是陷入惡性循環。相反地，有自信就會產生魅力，對方的評價也會變高而產生好的循環。

「不斷付出」的情況下，能獲得感情的平衡嗎？

堅信「只要為對方付出越多，
就能得到越多的愛」

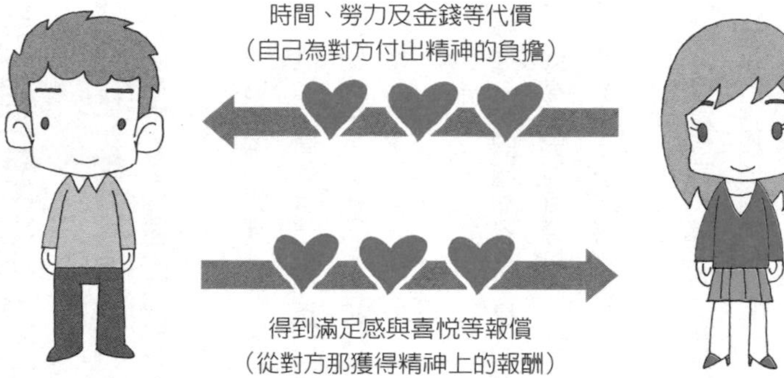
時間、勞力及金錢等代價
（自己為對方付出精神的負擔）
得到滿足感與喜悅等報償
（從對方那獲得精神上的報酬）

自我評價低的「不斷付出」型人格

自我評價低的人……

這個如何？喜歡嗎？
嗯、雖然很高興……

過於卑躬屈膝，即使不斷為對方付出，也會被對方厭煩。

自我評價高的人……

我想吃那個！
好哇！

能表現自我特性的人，反而充滿自信展現魅力光芒。

相反地，讓對方為自己付出，感情會更深刻。

要對自己有信心，提升自我評價吧！

總是遇到渣男的心理

不知道為什麼，總是會有女性挑選渣男為對象，並一廂情願地認為沒有自己，渣男就會活不下去，並為了確定存在價值而援助渣男，這其實是相互依附的「互累症」導致。

為什麼常在電影或連續劇中，看到美麗人妻為沒有固定工作、成天賭博、酗酒、負債等一堆問題的渣男犧牲奉獻，或是渣男抱著幼孩，下跪磕頭還回被偷花掉的奶粉錢，或看見親人的遺物，傷心得痛哭流涕，就彷彿變成另一個人。

至此，即使沒有更進一步的激烈表現，是不是會有很多人被渣男吸引呢？通常渣男再度道歉時，就應該要深刻自我反省下回一定要選擇正直的好男人，但還是有些人總是會挑到渣男。

雖然當事人會感嘆自己沒有男人緣，並想著終於和渣男分手了，但下回又再度選擇渣男為對象。

這樣的人有些是**受童年影響，因為父親是渣男，造成無法愛父親或幫助父親的補償行為而選擇渣男**。或是由於**模仿**（Modeling：觀察別人，學習同樣的行為模式）母親對父親盡心盡力付出的行為，自己也採取相同行為表現。

然而，大多數是「**互累症**（Co-Dependency）」造成的情況，也就是說會**認為渣男身邊不能沒有自己，透過援助依附而來的渣男，感受到自我存在的價值**。

舉例來說，吹捧尚不成熟的諧星，內心明知不會受到認同，但和一直吹捧的行為產生認知矛盾，為消解認知的不協調，吹捧的人或許只好深信該諧星真的非常好笑有趣。

典型的渣男

負債
外遇
暴力
依存症
借金

為什麼離不開「渣男」？

為什麼會形成相互依存的「渣男」與「喜歡渣男的女性」這樣的關係呢……？

喜歡渣男女性的特徵

- 喜歡照顧別人
- 生活獨立自主
- 覺得自己卑微

渣男的特徵

- 不工作
- 無謀生能力
- 負債累累

如果沒有我，
他就活不下去
對不起，
我絕對不會再打妳了

透過照顧別人，來確定自己存在的價值。

⟷ 互累症 ⟷

伸手要錢或得到生活上的照顧。

為什麼朋友的男友比較好？

在心理學中，嫉妒與羨慕不同。嫉妒與愛情的三角關係有關，而羨慕則與社會的比較有關，是雙方的關係。若混淆兩者進而搶走朋友的丈夫，就會結一場沒有愛情的婚姻。

你是否曾看過明明自己也有另一半，卻還是追求朋友男友的惡魔友人呢？

這種現象一般俗稱為雙重外遇，像是已婚者之間的外遇，雙方都知道外遇的對象是已婚狀態。一旦發現外遇對象與原來的伴侶分手，就會覺得對方不適合交往，立刻解除關係。

這完全就是「隔壁鄰居的草地茂密又好看」的心理作用。這種渴望的心情，心理學上稱之為「羨慕」。一般來說嫉妒與羨慕常作為同義詞交互使用，但心理學的**嫉妒，是指戀人、第三者和自己的三方關係，而羨慕是兩方的關係**。

看著朋友的另一半，**心中充滿羨慕之情的原因，是因為常對自己的另一半感到不滿所致**。因為自己太瞭解伴侶的個性或缺點，不知不覺就對他產生過低的評價，再加上日積月累形成的不滿，或是過去小事所遺留的情感心結，而產生否定的評價。

另一方面，因為不熟悉朋友另一半的所有情況，只看外表、職業、學歷等，在一些優勢條件及刻板印象的影響下，會因暈輪效應而產生過高的評價。

羨慕不是愛情，只是來自社會的比較而產生的心理作用，與嫉妒不同。與原來的對象分手，而和朋友的另一半結婚的話，會因為失去比較的對象，認為是愛情消退變淡而導致分手。

為什麼朋友的另一半看起來比較好？

嫉妒與羨慕不同

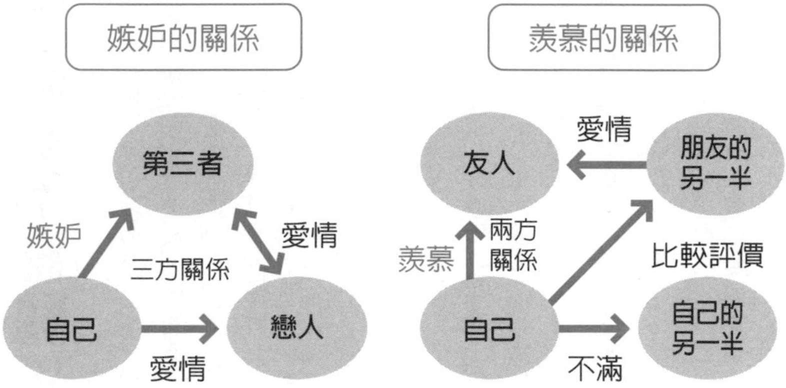

過低與過高評價的差異

過低評價

太瞭解另一半的個性或缺點，不知不覺給予對方過低的評價，加上日常累積的不滿或是因過去小事產生的心結，產生負面評價。

高度評價

因為不熟悉朋友另一半的所有情況，在外表、職業、學歷等一些外在條件和刻板印象的影響下，會因暈輪效應而高度評價朋友的另一半。

無法擺脫不倫關係!?

因為是禁止的事，所以想做；可以做的時候又變得不想做了。外遇也受到來自對抗心理而產生的「卡里古拉（Caligula）效應」影響，讓人無法擺脫外遇的不倫關係。

儘管不是上演愛情肥皂劇，但當身旁的人越反對，濃情蜜意的外遇情侶就是意外得多。

外遇是道德倫理所不允許的行為，會遭受到社會的強烈批判，也常在電視上看到因外遇曝光而召開道歉記者會的藝人。但是，雖然外遇會遭受來自社會各方的批判壓力，但越是宣導不可以外遇，人就越是想外遇。

此與限量商品或會員制商店的銷售心理學一樣，越是條件限制，越是非買不可（第100頁），而這裡是不被允許就越想去做，可是讓你做時卻又變得不想做的**「對抗心理」**（反彈心理）所產生的結果。

曾在美國上映的義大利電影「羅馬帝國艷情史（Caligula）」，講述羅馬帝國皇帝卡里古拉狂妄殘暴的一生，但因荒淫、血腥的畫面很多，波士頓境內就全面禁止放映該片，結果反而完全點燃波士頓居民的對抗心理，他們蜂擁而至鄰近地區的電影院觀賞，由此衍生出的「對抗心理」效果稱為「卡里古拉效應（Caligula Effect）」。

但是，為什麼被禁止時會產生對抗心理呢？因為人擁有自己想做就會去做的「自我效能感」，所以是被禁止時，自我效能感降低的緣故。

換言之，**越是禁止外遇時，就會為了想回復自我效能感而外遇**。

外遇和限定商品一樣 !?

被禁止的事，就會越想嘗試的心理

外遇

對抗心理

禁止 → 變得想嘗試

不禁止 → 變得不想嘗試

發生外遇的原因

社會的原因
- 外遇不論在社會或道德上，都是不被允許的。

自我的原因
- 與另一半有距離，身心都無法得到滿足。
- 身負各種壓力

外遇對象的原因
- 對方注意到自己的優點。
- 感受到不同於婚姻生活的幸福感。

→ 自我效能感的擴大 → 外遇

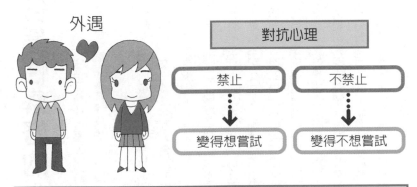

各種性癖好的心理

人的性癖好各式各樣，有戀物癖、異性裝扮癖、性虐戀、戀童癖等，這些曾被視為精神疾病的性癖好，現在只要不產生心理、社會的問題，不會視為疾病。

性癖好因人而異，如對腳或鞋子等身體特定部位感到興奮的戀物癖、穿男（女）裝就感到興奮的異性裝扮癖等，而其中最有名的是性虐戀。

施虐癖（Sadism）一詞，源自於法國小說家薩德侯爵（Marquis de Sade）的作品，是透過他人的痛苦得到性快感。相反的受虐癖（Masochism）則源自於小說家馬索克（Masoch）的名子，他的小說《穿裘皮的維納斯》中有大量受虐鬪內容，是由痛苦得到性快感。

施虐癖與受虐癖，正好是相對的關係，精神分析學家佛洛依德認為，是幼兒期的刺激快感沒有獲得滿足的現象。而施虐癖的對象若是自己，就變成受虐癖。

這也一直被視為精神疾病，但根據美國精神醫學會最新的「精神疾病診斷與統計手冊第五版（簡稱 DSM-5）」指出，針對見解看法不同的部分，透過施加痛苦並產生幻想，只有在自覺產生心理社會問題的情況，認定為施虐癖。同樣地，受虐癖只要不引起社會問題，並不會判定為疾病。

而蘿莉控（Lolita Complex 的簡稱），來自弗拉基米爾・納博科夫（Vladimir Vladimirovich Nabokov）的小說《蘿莉塔（Lolita）》，指對幼童產生性快感。而以往被視為精神疾病的戀童癖，只要人際互動關係上不產生問題的話，現在也不會認定為疾病。

在今日社會中，各種不同的性癖好，只要不引發反社會的問題，已逐漸不再當成疾病看待了。

各種不同的性癖好

蘿莉控

是指偏愛將小女孩或少女當作戀愛及性對象的成年男性。為日文蘿莉塔情結（Lolita Complex）的簡稱。

SM 傾向

極端地透過給予對方肉體或精神上的痛苦，來獲得性快感的稱為施虐癖。相反地，經由接受痛苦來得到性快感，則稱為受虐癖。

戀父情結

是指對自己的父親懷有似戀愛感情般愛意的孩童。並非心理學上的用語，而是日式英文中 Father Complex 的簡稱。

異性裝扮癖

穿著異性的服裝而得到快感的行為，一般也稱為「服裝顛倒」、「服裝顛倒者」（Transvestite）。

為什麼家暴受害者往往無法逃離？

家庭暴力，也是現今社會的問題之一。即使有完善的法律可管，但卻是在外人所看不到的家庭私密空間發生，再加上互累症限制被害者，更加無法從家暴中逃離。

受到共同生活的夥伴，如戀人或結婚對象等家庭成員的暴力傷害，即為**家庭暴力**（Domestic Violence，簡稱**DV**），其涵蓋的範圍不只是身體或性的暴力，還包括經濟、精神上的言語恐嚇等暴力。因為家庭暴力逐漸成為社會問題，日本從2001年開始實施家庭暴力防治法、配偶暴力防治法等法律，加強保護受害者。

施暴者雖多為男性，但也有女性施暴者。施暴者常有強烈的嫉妒心和控制慾，對會傷害到自己的事情特別敏感；外表看起來溫和善良，工作上也表現出高度的服從性，對性的需求問題理所當然地加諸於伴侶，會要求對方滿足自己理想的性角色。有人際關係等壓力時，其發洩方式多半是暴力對待比自己弱小的人。

這些施暴者，在名為家庭暴力循環的三個時期中，反覆不斷地對受害者施暴。在最初的「**壓力蓄積期**」，會因壓抑而產生高度緊繃關係，開始不滿和抱怨一些小事情。接下來，因無法控制情緒，忍不住開始發怒與暴力相向時，進入第二期的「**暴力爆發期**」。之後，會突然徹底改變態度，開始懺悔道歉：「請原諒我，我發誓絕對不會再對你使用暴力了」之類的話，即進入「**蜜月期**」。此時受害者會期待並相信對方能夠改變，而且認為沒有自己的話，對方將無法生活下去。

常聽到為什麼家暴受害者離不開的問題，**因為在互累症、過度執著心、害怕被報復的恐懼，以及經濟的不安等各種因素下，導致他們無法逃離家暴的攻擊。**

家庭暴力施暴者的主要特徵

強烈的控制及佔有慾

對家人有很強的執著，認為「是自己帶給家庭安全感」。不論是誰，就算是家族成員評論家中事務，會異常厭惡對方。

在外人面前表現得穩重內向

與朋友相處表現得溫和、樂於助人；工作上態度熱心、服從性又高，在公司評價也很好。

嫉妒心強

若是看見另一半對自己以外的人（特別是男性）交談或是有一些肢體接觸，就會立刻勃然大怒，施以言語攻擊或暴力毆打。

過度期待和依存伴侶

執著於「自己的理想型」，並要求另一半配合，完全不允許對方與理想型有任何的差異。

容易受傷

個性非常敏感，極容易受傷，只要稍微覺得另一半說的話傷害自己，就會情緒大爆發，無法控制。

拘泥於男女家務責任分擔

非常挑剔男女在家庭中應扮演的角色分配，並認為「妻子應該照丈夫所說的去做」，保有相當封建的思想。

為什麼受害者無法自家暴的泥淖中逃離？

家庭暴力，通常會不斷重複下列三階段循環。

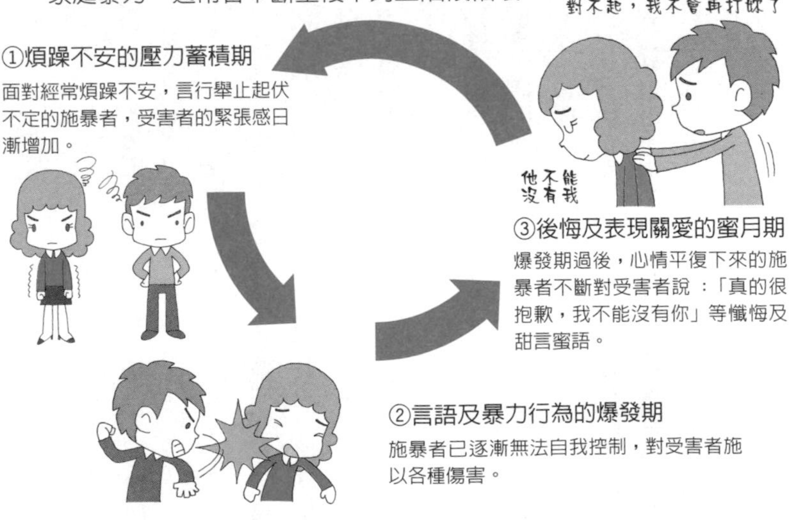

①煩躁不安的壓力蓄積期

面對經常煩躁不安，言行舉止起伏不定的施暴者，受害者的緊張感日漸增加。

②言語及暴力行為的爆發期

施暴者已逐漸無法自我控制，對受害者施以各種傷害。

③後悔及表現關愛的蜜月期

爆發期過後，心情平復下來的施暴者不斷對受害者說：「真的很抱歉，我不能沒有你」等懺悔及甜言蜜語。

感情問題篇

為什麼會成為跟蹤狂？

跟蹤狂，是指即便彼此完全不認識，自己卻產生被對方深愛著的妄想，或是為了報復，執著於已分手的戀人，不斷騷擾對方。很多情形到最後常會牽涉刑事案件。

和家庭暴力同樣成為現今社會問題的，還有跟蹤狂的問題。**跟蹤狂的心理背景，是自身任意、病態地幻想或報復的心態**。

例如，只是匆匆見過對方，而且與對方也沒有太多的交談，卻認為「對方一定喜歡上我了」，沈浸在自我妄想中。而且，不論對方如何拒絕和否認，都改變不了跟蹤狂的想法。他們會深陷於「一定是有什麼理由，才說不喜歡我」、「對方的家人阻礙我們的交往」等逃避現實的想法，有時不僅是被害人，甚至連他們的家人都會遭遇不測。

若是一直遭到拒絕的話，極可能會惹怒跟蹤狂，爆發「為什麼不懂我如此情深的心情」之不滿，進而產生犯罪行為。

另外，還有因向妻子或戀人要求復合遭到拒絕，於是開始跟蹤，甚至為了復仇或報復而騷擾對方。最近發生的許多社會案例，是因為離婚或分手而報復對方，還有散布對方不雅照或情色照片等惡意行為，這也是跟蹤狂的一種。

為什麼會變成跟蹤狂呢？一般來說，因為自己對還喜歡著的舊情人提出的復合請求被拒，或認為被人當傻瓜耍了，於是想報復。

一般人在社會規範和自我制約下，不會有異常行為。但是**因跟蹤狂潛藏不正常的幻想或人格障礙的可能性很高**，所以要立刻報警申請保護令，尋求律師或相關機構的協助。

典型的跟蹤狂模式

極端的想法

將對方的言行舉止解讀為對自己有好感，誤以為「他（她）似乎喜歡自己」。

↓

跟蹤

開始「跟蹤行為」，單方面的禮物攻勢，不斷打電話或發送訊息等。

↓

妄想

即使對方拒絕，也會認為他（她）只是「害羞」而已，往對自己有好感的方向解釋。

↓

激烈化

當真的被對方拒絕時，產生「因愛得太深，恨時會更深」的心理，導致暴力的激烈行為。

跟蹤的類型

純愛型	只是在上班或上學途中偶遇，也不曾與對方交談，就單方面地幻想。
粉絲型	對電視或雜誌上常出現的名人或藝人，不斷累積的單相思。
失戀型	向暗戀的對象告白而被拒絕，或是不接受戀人提出的「分手」，總是一直糾纏。
離婚型	離婚後也不停糾纏對方，逼迫對方復合。
憧憬型	對前輩、上司或老師有憧憬，一廂情願的愛意糾纏。

如何從失戀中重新振作？

陷入失戀低潮的時候，想哭就放聲大哭吧！勉強地散心或參加歡慶活動，反而會帶來反效果。還不如順著鬱悶的心情，和同是「敗犬」的人互相傾訴、療傷來得有效。

失戀時，想儘快忘記所有痛苦的事情，但是越努力卻越是難以忘懷，該怎麼辦呢？

此時，也正好是徹底反省思考的時機。藉著找出失戀的原因，能夠儘早發現從失戀中重新振作的各種不同方法，稱為**歸因理論**（第162頁）。

如果是自身之外的原因，屬於外部因素。雖然「運氣不好」、「識人不清」等想法，可以很快走出情傷，但因為沒有反省，之後很可能會犯下相同的錯誤。

另一方面，如果是自身的問題，則屬於內部因素。像是「因為自己沒有魅力」、「如果我沒說那些話」等完全歸責於自己的想法，也是無法重新面對失戀的結果。

最理想的狀況是在適度反省後，可以轉換心情走出情傷，然而事實上並不容易。如果是這樣，**徹底地反省思考後，想哭的話就放聲大哭，反而比較可以舒發情緒**。

或是與同病相憐的「敗犬」們互相分享失戀心得，也有助於療傷。可以利用**會心團體**(Encounter Group)的治療諮詢方法，讓心情鬱悶的人分享彼此的心情，並互相幫助洞察內心。

為了自低落的情緒中解脫出來，而去**參加歡慶熱鬧的活動、散心或聽些輕快的音樂等，事實上這些都不如沉浸於低潮來得容易轉換心情**。失戀時，唱唱傷心情歌，其實也不錯。

戀愛成功與分手的歸因理論

	甜蜜期	分手時
外部因素型 ・很快走出情傷 ・不反省	有緣，運氣又好。 正巧與對方情投意合	無緣，運氣又不好。 對方沒有眼光。
內部因素型 ・不易走出情傷 ・容易過度反省	傳達自己的愛慕之意。 努力配合對方，獲取對方的喜歡。	自己沒有魅力。 因為說了不該說的話。

「外部因素型」，把分手原因歸責於外在條件，雖然可以很快重新站起來，但容易犯相同的錯誤；而「內部因素型」，分手的原因源於自身，常因過度自責而不易重新站起來。

與沉溺低潮或同病相憐的人分享心情，排解情傷

失戀時，「悲傷情歌」能療癒心情

失戀時，無論是誰都會感到傷心難過。如果想聽輕快音樂來排解抒發這種鬱悶低落的情緒，常會帶來反效果。

其實悲傷時，想哭就盡情大哭比較好。此外以失戀為主題的歌曲很多，聽些「悲傷情歌」徹底沉溺於失戀的悲傷情緒中，反而能儘早轉換心情。

和相同遭遇的朋友們，一起唱著悲傷情歌，自己的心情一定也能獲得整理。

聽～海哭的聲音
嘆息著誰又被傷了心
卻還不清醒

Column 8

受歡迎的法則 對方越付出就會越愛自己？

自同性的角度來看，有些人根本就是公主病，但為什麼深受男性喜愛？每個被吸引的男生都願意當她的工具人，吹捧她、甚至接送她。確實，通常她是個大正妹，但並非僅因為如此。事實上，越是讓對方付出，就表示對方越喜歡自己。這也可以用拜託心儀的人幫忙，讓對方喜歡自己的認知失調理論（第134頁）來說明。換言之，不會對不喜歡的人付出和正在付出的自己兩者之間認知矛盾失調，所以認知改變成付出是因為喜歡。

可以用「自我知覺理論」簡單說明。問一開始就喜愛她的男性，為什麼願意付出？他一定會回答「當然是喜歡所以才會這樣」。對此，該女子的確有受歡迎的理由。因為一般認為，人是先有感情才會行動；但是從心理學的角度來看，是因為行動而產生強烈的感情意識，例如，哭的行為表現，雖然是因傷心而哭，但事實上，哭的行動產生強烈意識到悲傷的感情。

心理學家達里爾・貝姆（Daryl J. Bem）曾說過「爬上梯子，就能看見障壁後的自我」，人哭泣時覺得悲傷，當憤怒時就會生氣。也就是說，不是因為喜歡而付出，而是因付出所以產生喜歡的自覺。在這樣的意義下，可知跟蹤狂是因埋伏的行動，而情不自盡地喜歡對方。總而言之，只要人受歡迎，就會讓他人願意為其付出一切。

Chapter

8

活力心理學

[消除煩惱！]

隨時注意行為就能更幸福!?

擁有財富、豪宅、名車就是幸福嗎？
事實上，環境因素只占幸福感的10%，重要的是為追求幸福而行動。

你是否曾在心中暗自想著「反正我怎樣都無法得到幸福」呢？絕對沒有這回事，任何人都會有得到幸福的方法。

聞名歐美的心理學家索妮亞．柳波莫斯基（Sonja Lyubomirsky）曾經指出，感覺幸福的因素有「**遺傳因素**」、「**環境因素**」及「**自己有意圖的行動**」。

遺傳因素，是指與生俱來幸福感的設定值，簡單來說即是天生就容易感覺幸福的程度，這是一生都不會改變的幸福程度。

而環境的因素，是指已婚或未婚、富裕或貧窮、健康或疾病，以及信仰的有無等生活環境統括。令人意外的是，收入或健康等決定我們是否感到幸福的各種外在環境因素只占了10％。

為什麼呢？升遷、購屋、中獎等環境因素，雖然一開始會讓人感到幸福，但人馬上就適應該環境了。

另一方面，「自己有意圖的行動」會影響40％的幸福感。這是因為自己想要幸福而有努力的企圖，不僅止於日常生活中的努力，也包括對事物有正面思考的認知活動在內。

也就是說，**人在自身的行動中，提升自我幸福感**，而且有意圖地朝幸福努力的情況下，對於幸福的感覺，**會比環境因素更能帶來長期的幸福效果**。

能否得到幸福，就要看自己多努力了。

影響長期幸福感的因素

影響幸福感的諸多因素中，遺傳因素占 50%、環境因素只不過占 10%，剩下的 40%是自己有意圖的行動。相較努力爭取升遷或提高生活品質，倒不如改變自己的想法反而比較有意義。

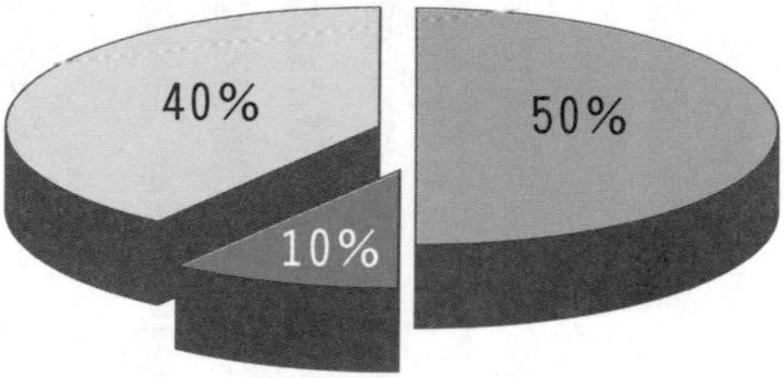

遺傳因素 → 50% | 一生都不變

天生的幸福感設定值，指天生感覺幸福的程度。

環境因素 → 10% | 短期的

指的是如已婚或未婚、富裕或貧窮、健康或生病、信仰的有無等生活環境統括。

自己有意圖的行動 → 40% | 長期的

自己想要變幸福，就要有意志不斷努力；不僅止於日常生活中的努力，也包括對事物有正面思考的認知活動。

消除煩惱！

讓話語和思考方式變得更積極

沒有自信、總是容易陷入負面思考的人，可以嘗試用正向積極的方式表達，光是否定語氣改成肯定的，不自覺地就能產生正能量。

你是否常會感到自卑又滿腹委屈，並一直往最壞的地方想呢？那麼你就是陷入**負面的自動思考**。

使用電子郵件或Line等通訊軟體聯絡他人，卻沒有收到回覆或已讀不回的時候，常會想著對方是否有意忽視或討厭自己，或是同事擦肩而過卻沒有跟你打招呼，就會瞬間產生對方是否對自己不滿等想法，這就是負面的自動思考。

當自己沒有自信或者是情緒低落時，就會無法客觀思考，也就會不停地往壞處想。情況嚴重時，還會產生憂鬱症或被害妄想症。

快停止這樣負面的自動思考，轉而正向思考事物吧！在日常生活中，**盡量努力不用否定語氣，改用肯定的語氣表達**。

像是不說「幾乎不懂」，而是說「懂一點點」；「交貨期只剩2天」改成「交貨期還有2天」；「今天內無法完成」改說「明天可以完成」等，不知不覺產生正向的自信能量。

特別要注意，「抱歉」的使用情況。該道歉的時候當然要道歉，但在像受到對方幫忙或親切對待時，沒有自信地不停說「抱歉」就不太好。

試著將「抱歉」換成「感謝」吧！這樣不只是能夠正向看待事物，也能讓周圍的人因你的自信表現，而對你另眼相看。

試著正向思考吧！

停止負面的自動思考

情況	自動思考	正向思考
沒有回覆 E-mail 或 Line 等通訊軟體	我被討厭了	對方可能太忙了沒時間回覆，而且個性總是慢半拍。
對人打招呼無回應	自己做錯什麼了嗎？	對方應該在想事情，所以沒注意到。
跟人說話也不回應	怎麼視而不見？	可能是自己的聲音太小，所以對方沒聽見。

將否定句改用肯定句表達

幾乎不懂 ➡ 懂一點點

交貨期限，只剩 2 天 ➡ 交貨期限，還有 2 天

今日內無法完成 ➡ 明天可以完成

將「抱歉」換成「感謝」時……

● 能正向看待周遭事物

● 周圍的人會認為你態度「謙虛」而另眼相看

● 對方及自己的心情都會變好

消除煩惱！

提升幸福感的方法

正向心理學主要研究的主題之一，即為幸福感。有很多關於這方面的研究，在此介紹其中幾個能提升幸福感的方法。

要如何才能提升幸福感？心理學中也有以幸福感為主題的研究，稱為「**正向心理學**」。

自古以來，心理學家專注於研究精神疾病或不安等人類的負面情緒；相較於此，研究幸福感或人際交往溫情等正面情緒的，即為正向心理學。

正向心理學博士艾德・迪安納（Edward Diener）的研究團隊，將人的幸福感用左頁圖的公式表示。可知幸福感，並非僅由現在所擁有的地位及財富決定，而是要與自己期望的事物間的相互關係來決定。

舉例來說，以中1000萬日圓彩券來看，想買500萬日圓汽車與1億日圓公寓的人，他們的幸福感差距為20倍。從這個公式能發現，**若期望越高，在失望時人失去的幸福感也越大**。

因此，隨著對事物看法、價值觀或行動的不同，幸福感也隨之改變。在此從正向心理學的見解，介紹幾個能提升幸福感的方法，如熱心捐款或是親切待人等，可以多發揮稱為利他行動的行為。

哈佛大學心理學家丹尼・吉伯特（Dan Gilbert）表示能夠熱心捐款助人，以及能夠如心理學家索妮亞・柳波莫斯基（Sonja Lyubomirsky）認為的待人親切，都是能提升幸福感的方法。

或是如正向心理學之父馬丁・賽里格曼（Martin E. P. Seligman）說過，**試著在一天結束時，寫下三件美好的事物，也是提升幸福感的好方法**。

幸福感的公式

幸福感，不僅僅是由現在所擁有的地位及財富所決定。美國心理學家艾德・迪安納的研究團隊，將現今擁有與期望擁有的事物之間的關係，用以下的公式來表示幸福感。

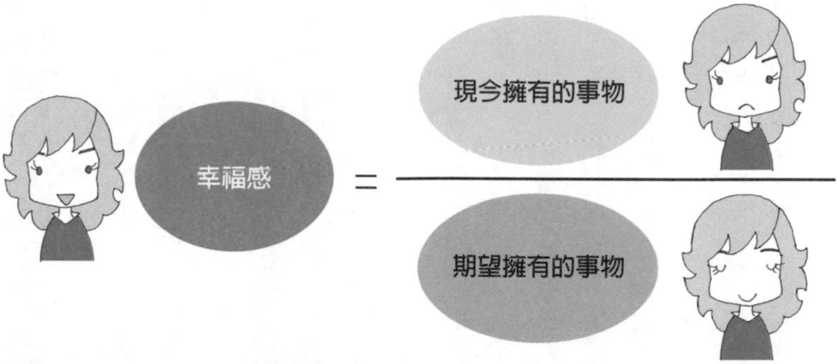

提升幸福感的方法

親切待人	除了對朋友和認識的人之外，特別是親切對陌生人而獲得感謝時，更能提升幸福感。
不要孤單一人	俗話說「兔子太寂寞會死掉」，人也是一樣。比起孤單一人，和親朋好友一起快樂生活，更能充滿幸福感。
勿與他人比較	喜歡和他人相較，只會因看到自己不如人的地方而感到挫折，本來就幸福的人並不會與他人比較。「知足」的人，感受到幸福感的機會也較多。
用感恩的心結束每一天	睡前回想今天的一切，想出一件「好心情」的事，即使只有一件也沒有關係，這能有助安穩入眠。每天以幸福的心情，迎接明天的到來。
持續追求夢想和目標	一步一步朝自己的夢想和目標努力，每天都過得充實且幸福。

消除煩惱！

不滿會招致不幸!?

只看到旁人的缺點，或許是自己焦躁不安的原因。此外，對他人的評價越低，是感受不到幸福的人格特質。

當心情焦躁時，越與人相處是不是就越覺得煩躁，而且只看到缺點，令人更加煩悶不安，這即為心理學上的「心境一致效應」——人在潛意識中容易吸收和自己情緒相同的資訊。

總言之，**情緒好時，容易看到事情好的一面；反之則容易看到事情壞的那面**。

舉例來說，今天面對朋友或同事只看到缺點時，可能就是自己產生負面想法所致。相反地，今天發現朋友或同事看起來比平常有更多優點的話，那就是受到正向情緒影響的證據。

也就是說，其實自己對他人的評價，是測量自己幸福感的溫度計。加拿大心理學家亨利．莫瑞（Henry A. Murray），就將對他人的評價與幸福程度的關聯性，進行了廣泛的研究調查。

首先，以82組情侶為對象，請他們為自己和對方評分的話，分別會給幾分？然後，再比較將對方分數打得比自己高與自己分數打得比較高的人。

結果發現，**將對方分數打得比自己高的人，容易感到幸福；而自己分數打得比較高的人，較不易感受到幸福感**。

對周遭一切感到不滿的人，不僅是投射了自己焦躁不安的情緒，也有感受不到幸福的特質。

對伴侶不滿容易招致不幸！？

「你會給自己打幾分呢？」
「那麼，又會給伴侶打幾分呢？」

加拿大心理學家莫瑞，對他人的評價與幸福程度的關聯性進行了廣泛的研究調查，他對 82 組情侶及夫妻問卷調查，詢問上述問題。
實驗結果發現，將對方分數打得比自己高的人（ 例如：自己 60 分、對方 90 分），大多認為「現在很幸福」。而另一方面，將自己分數打得比對方高的人（例如：自己 80 分、對方 50 分），有較不易感受到幸福的傾向。

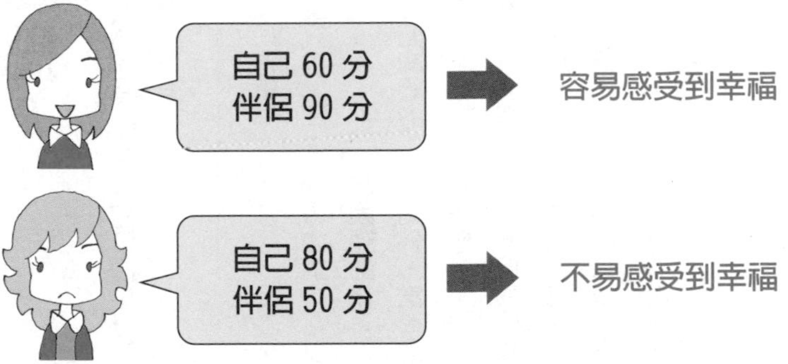

此情況不僅限於伴侶間，對旁人給予較低評價的人，不容易感受到幸福。不要只聚焦在自己討厭別人的事物或缺點上，若能多認識對方並發現其優點，是容易感受幸福的第一步。

**發現他人的優點，
是提高自己幸福感的第一步。**

消除煩惱！

如何消除煩躁感？

煩躁或不滿長久累積下，不僅會破壞身心精神的平衡，甚至可能會產生胃炎或頭痛等病症。本章節將介紹轉換心情的心理學應用方法。

遇到討厭的事情，心情會煩躁、不滿，不光只是精神上痛苦，身體也會產生許多病痛。在此，介紹幾個消除煩躁感的方法。

首先，不是努力忘掉不愉快，而是用類似日記紀錄的方式，詳細寫下那些不愉快的事情和原因，並註記該事情影響心情的百分比，像是今天煩躁程度70％、寂寞程度30％，總和為100％。持續記錄一段時間之後，總有一天會發現，為了討厭的事情而一直心情鬱悶的自己，實在太愚蠢了。

即使不用日記記錄，自嘲地和人聊天等方式也很有效果。**重點就是，「說出來」**。

或是，採取連結過去幸福心情的行動，重新喚起幸福的心境，這種消除煩躁感的方法稱為「**錨定效應**(Anchoring)」，其原意是指「拋錨停泊」，對於激盪起的壞心情，可以作為像是將手放在胸前**喚起快樂心情時的因應動作**。

此外，當被上司或父母責罵時，為了能有虛心接受的良好態度，可以用模仿或戴面具角色扮演的方法。也就是，**模仿或扮演記憶中最深刻的人物個性，把自己融入其中的方法**。

舉例來說，面對對方的愚昧行為或言語暴力，以自己扮演專業接待員或輔導員的角色來因應。

解決焦躁不安的方法

記錄事件的心情百分比

寫出焦躁或不滿的原因，並記錄該事情影響心情的百分比。

日期	事由	影響心情的想法	反向思考	紀錄後的心情
○月×日	被課長嚴厲斥責	應該無法獲得課長的好評吧? 不安（40%） 丟臉（40%） 生氣（20%）	或許課長對我有期許，所以斥責我？ 單憑此事，應該不影響評價（40%） 大家都會忘記我被斥責的事（40%） 應該無惡意（20%）	專心處理自己的工作就好。
⋮	⋮	⋮	⋮	⋮

錨定效應

採取與過往幸福心情連結的行動，喚起感到幸福時的心境、消除煩躁感的方法，例如把手放在胸前，喚起與朋友相處時的愉快心情。

模仿或面具角色扮演

模仿或者是扮演記憶中最深刻的人物個性，融入腳色並演繹該人物的處理方法。舉例來說，假想自己戴上專業接待員或輔導員面具，模仿他們面對愚昧行為或語言暴力時的因應對策。

消除煩惱！

與壓力和平相處吧！

壓力，實際上是人為了適應環境的防禦反應。卸除應激物（產生壓力的原因）或是改變想法消彌壓力，與壓力和平相處才是關鍵。

常言道「現今是個充滿壓力的社會，我們都無法避免」。但究竟什麼是壓力呢？

加拿大生理學家漢斯．塞利（Hans Selye），將個體所感受到所有來自外界的各種刺激形式，稱為應激物（Stressor），其所引起的外界環境要求與自身因應能力產生不平衡的反應，則稱為壓力。應激來源分為如疲勞或睡眠不足的「**生理性應激物**」、環境冷或熱的「**物理性應激物**」、人際關係問題或是環境的變化等「**社會性應激物**」這三種。

關於此三種應激物，首先會產生副腎皮質荷爾蒙的分泌或交感神經的興奮、體溫及血壓上升、免疫系統功能下降等壓力的反應，於是造成食慾不振、煩躁不安、失眠等相關症狀。

一般來說，所謂的「壓力」包括了應激物及壓力反應（壓力），而壓力反應的本身，就是人為了適應環境而產生的防禦機制。

但是，持續受到強力的應激物刺激時，人會產生適應不全症、神經性胃炎、過敏性腸症候群，以及精神官能症（第202頁）、憂鬱症（第204頁）等。

面對壓力，首要關鍵是去除應激物，如果客觀環境不允許消除應激物時，不妨就接受壓力，**改變對壓力的看法，讓自己不再感受到壓力**，就能讓我們可以更快地從壓力中解放。

壓力反應的機制

應激物（產生壓力的原因）

疲勞或睡眠不足等

生理性應激物

酷暑、寒冬、濕度等

物理性應激物

人際關係或環境變化等

社會性應激物

壓力反應

- 副腎皮質荷爾蒙的分泌
- 交感神經的興奮
- 體溫及血壓上升
- 免疫系統功能的下降

沒有壓力感受（良性的認知）

身心機能降低

食欲不振　焦躁不安　失眠
頭痛　發燒　慢性疲勞

過敏性腸症候群、神經性胃炎、精神官能症、進食障礙、心身症＊、憂鬱症等

去除應激物或改變想法 → 適應環境

持續超荷的壓力刺激 → 適應不良

＊編註：由心理、環境、社會等因素引起的身體疾病，通常是固定在某些器官出現症狀，使之產生功能障礙。參考資料：https://goo.gl/ZYegST

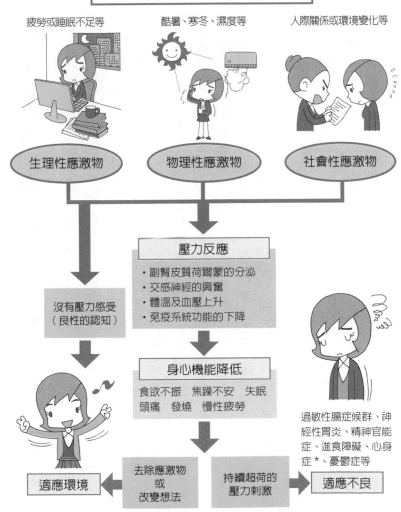

消除煩惱！

越認真的人越需要注意精神官能症！

曾經被視為精神官能症，而現在隨發病原因的不同，而分類為「焦慮症」、「強迫症」、「慮病症」、「人格解體障礙」等。

高度壓力或精神疲勞所引起的精神障礙，則稱為精神官能症（Neurosis）。

所謂精神官能症，是指當神經失調無法正常運作時所發生的症狀，不屬於精神疾病，而且是一般人都可能會有的疾病。特別會發生在極度認真且會高度自我反省、自責，或拘泥細節無法通融、固執、努力追求完美主義的人身上，由於易怒、過於細心，以及凡事擔憂的人格特質，所以更容易罹患。

西格蒙德．佛洛伊德（Sigmund Freud）將此命名為精神官能症，在他之後的研究中，將統括在精神官能症的各種症狀因發病機制的不同區分，現今心理學界則依病因分類，並給予不同的名稱。

例如沒有原因或理由地深受不安感包圍，而導致全面性的憂慮，稱為「**焦慮症**（Anxiety Disorder）」（第220頁）。擔心細菌感染而不停洗手，或是擔心家門沒鎖好反覆回家確認的「**強迫症**」（第220頁）。

或是對於自己身體的症狀過度敏感，稍有不適就擔心得病而產生不安的「**慮病症**（Hypochondriasis）」（第222頁）；感受到自己與肉身分離，像第三者旁觀身體行為的「**人格解體障礙**（Depersonalization disorder，簡稱DPD）」（第224頁）等，這些病症過去全部統稱為精神官能症。

精神官能症容易找上門的人

所謂的精神官能症（Neurosis）並不屬於精神疾病，而是由於一般人在高度壓力或疲勞下所引起的症狀。

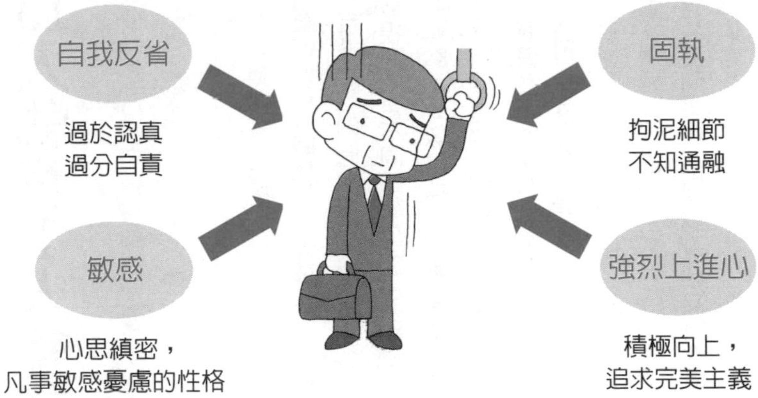

精神官能症與現代的病名

曾經被稱為「精神官能症」的疾病，現今可分為四類，並各有不同的症狀和名稱。

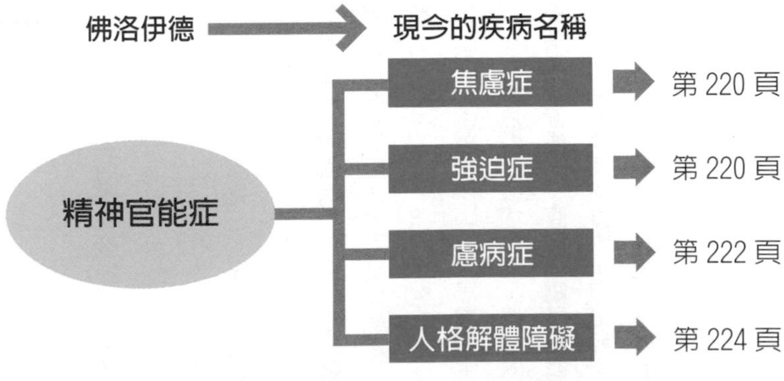

消除煩惱！

每15人就有1人會罹患的憂鬱症

日本有研究顯示，自殺原因確定有三分之一是因為「憂鬱」，因情緒低落而興起自殺的念頭。近年來在藥物等治療方法下，已經是可以治癒的病症。

過去，「憂鬱症」和「躁鬱症」皆被統稱為「情緒障礙」。現在若是只有憂鬱的症狀時稱為「憂鬱症」，已與「焦躁」和「憂鬱」反覆出現的「雙極性疾患（Bipolar Disorder）」，逐漸被視為完全不同的病症（左圖）。

一般稱為憂鬱的症狀，多數是指「重鬱症（Major Depressive Disorder）」的情況，典型的徵狀如心情低落，對所有事都不感興趣也漠不關心，而且無法集中注意力。有時患者會因強烈的自責感或罪惡感，腦中浮現強烈的自殺念頭或一直想到死亡（自殺意念）等，容易感覺疲勞、食慾不振、睡過多或失眠。

早晨時分，特別容易感到憂鬱，自傍晚開始又逐漸好轉，一天的心情起伏非常大。

特別是極度追求完美主義、具有強烈的責任感、過於在意他人，或曾經有過任何如親人的死亡、失業等失去體驗的人，較容易罹患此症。憂鬱症並非罕見病症，100人中約6人，比例上**約為每15人中就有1人會罹患憂鬱症**。近年來，藥物治療已相當有效，如果有疑似憂鬱症的話，要儘早接受治療。

另一方面，「雙極性疾患」則是反覆出現因焦慮產生無力感的鬱症，以及高度亢奮活動的躁症狀態，這種兩極化的病徵。**因為曾被稱為躁鬱症，一直被誤認是憂鬱的一種**，雖然因此歸類在同樣的情緒障礙中，但後發現與思覺失調症有共通的遺傳因子，**現今將其視為不同的病症**。（從《精神疾病診斷與統計手冊》第五版（簡稱DSM-5）之後分類病名）

憂鬱症與躁鬱症的差異

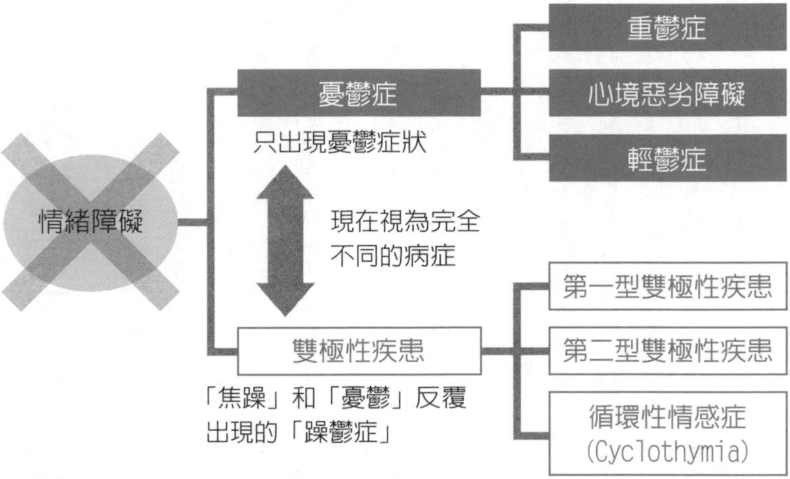

憂鬱症的病徵

消除煩惱！

該不會得了新型憂鬱症吧？

近年，發現了和過去完全不同病徵的新型憂鬱症：自以為是而且習慣責怪他人，身旁親友多半會懷疑其任性或裝病，甚至有許多人發展成更嚴重的狀況。

想要判斷是否罹患憂鬱症，可運用 CES-D 憂鬱量表來進行評估，請參照左頁上方問卷，如果最近心情低落的話，就可以做一下測試。

容易「憂鬱」的人，通常個性嚴肅認真、有強烈的責任感、過度在意他人等。最近如果家族裡有不幸的事情發生，更要特別留意。

近年來，所謂「新型憂鬱症」（非典型憂鬱症）開始流行並成為熱門的話題，這種非典型憂鬱症的症狀，已經推翻了我們以往對憂鬱症的認知常識。以往憂鬱症患者會失去生活動力、失眠，以及食慾減退等，為了不讓家人擔心，即便睡不著，也總是獨自一人煩惱，變得比平常更少言，不敢坦白自己得了憂鬱症。

但是「新型憂鬱症」患者，完全不會替他人著想，發生問題就**全部歸咎給旁人或家人**。

也許是因為睡不著的關係，**睡眠時間比以前更長，飲食也有過量的傾向**。而且誇大憂鬱症的病症，但從工作**或討厭的事情解脫後，立刻就生龍活虎，和普通人一樣熱衷玩樂**。

而逃避型憂鬱症，也稱為輕鬱症（Dysthymia）。從旁人的角度看來，多半懷疑是任性或裝病，或者自己明明非常煩惱及痛苦，卻不認為是病症，只是覺得與以往稍微不同，自以為性格孤僻而已，長時間下來，有可能會使憂鬱症病狀更加惡化。

憂鬱症找上你了嗎？

以下為「憂鬱自我評量表」的部分內容，你符合幾項呢？

- ☐ 對什麼事都失去興趣
- ☐ 做事時無法專心
- ☐ 容易睡不著
- ☐ 沒有原因地擔心害怕
- ☐ 話說得比平常少
- ☐ 即使有親友的鼓勵，也無法讓心情變好

有兩點以上項目符合的話，就要注意了，表示壓力已開始蓄積。回想一下日常生活中產生壓力的原因，盡可能轉換心情。

什麼是新型憂鬱症（非典型憂鬱症）？

不想做要負責任的事

都是別人的錯

表示自己有憂鬱症

面對討厭的事就感到憂鬱；喜歡的事情，就會積極去做

情緒起伏很大

能感覺吃太多而體重增加

傍晚開始，身體感到不適

無論怎麼睡都睡不飽

消除煩惱！

如何避免倦怠症？

努力達成公司所交付的使命，卻得不到預期的評價，心中有種不知為何努力的疲憊感。想要預防所謂的「倦怠症」，一定要有明確目標。

常聽到不少努力、盡責處理委以重任的計畫案，但因無法得到期待的結果，最後失去工作的衝勁而離職的例子。

美國心理學家赫伯特・弗洛登伯格（Herbert J. Freudenberger），將這種現象稱為「倦怠症（Burnout Syndrome）」。因有責任之義務而努力完成公司或父母所託付的事情，認真工作或學習等，但如果沒有具體成果的話，心中會不知為何努力而喪失鬥志，進而全身感到虛脫無力的狀態。

如果是上班族的話，輕則內心不滿、失去對工作的衝勁，動不動就請假不想上班；更嚴重的話，甚至會突然辭職或自殺。就算不到如此，也會罹患睡眠障礙、憂鬱症，或是引發糖尿病、心臟病等。

而另一方面，日本學生每年到了五月就容易罹患五月病（譯註：日本新年度自四月開始，是新生入學、社會新鮮人進入職場或工作發生異動的時期，一般到五月左右，因無法適應新環境而產生的精神不安定狀態，稱為五月病），也是倦怠症候群的一種。

都是想要努力完成公司或父母所託付的事，卻無法如預期般的發揮實力，導致評價不佳，因而喪失人生的目標。**要知道不是因為義務責任感而努力，而是要朝自己的目標奮鬥，取得工作和生活之間的平衡才是最重要的事情**。像是專心育兒的家庭主婦，因小孩獨立後喪失人生目標變得空虛無力，即為「空巢期症候群」。

找出屬於自己的人生目標，就能預防此情況發生。

倦怠症、空巢期症候群

倦怠症

主要症狀	倦怠無力、抗拒上班等
原因	即使已經很努力，還是無法達成目標的徒勞感
特徵	以為公司努力工作、認真且注重紀律和禮儀的 40 至 50 歲男性居多

任務完成後的症候群

主要症狀	喪失意志及活力，無力氣的狀態
原因	目標達成或自工作中的重責大任解放後的失落感
特徵	完成重大任務後容易罹患此病，可設定新的目標來解決

空巢期症候群

主要症狀	對任何事都提不起勁、喪失自信、感到空虛
原因	子女長大成人，養兒育女的責任已完成，沒有值得掛心的事
特徵	以子女長大離家，而丈夫工作優於家庭，深感孤獨的 40 至 50 歲女性居多

Column 9

•

最近備受矚目的阿德勒心理學

最近廣受矚目的心理學家，當屬阿德勒了。阿爾弗雷德·阿德勒（Alfred Adler）原本在奧地利維也納開診療所，受西格蒙德·佛洛伊德《夢的解析》的影響，專門研究精神醫學。因此，維也納成為主宰佛洛伊德維也納精神分析協會的重鎮。然而，阿德勒不認同佛洛伊德的性慾論，不主張原慾（Libido）而主張「自卑感」的思想，最終還是與佛洛伊德分道揚鑣。

阿德勒的個體心理學（Individual Psychology），主張個體是無法分割的，和意識或無意識、理性或感情等相輔相成，也不可能分割。還主張佛洛伊德所認為的心理創傷並不存在，與其煩惱是什麼原因導致，不如從為何會採取此行動的「目的」來理解比較好。更進一步認為，全部的煩惱都來自與他人的關係，所以要重視人際關係；自己是人生的主人翁，不是被過去的事情所決定，要化「自卑感」為動力，專心於自身的問題，認為是群體共同的一分子而生活。

不問過去、活在「當下」的哲學，是從阿德勒心理學所學習到的最重要觀念。

但是，值得考慮的是由誰測定「自卑」的數值。實際上，佛洛伊德、阿德勒或卡爾·榮格（Carl Gustav Jung）等研究「心」的年代，心理學才誕生不久，「科學」的體制並不完備，不需擔心有反對言論而能暢所欲言。如今他們的主張，我認為應該與嚴格定義下的心理學研究分開討論。

Chapter

9

灰暗心理學

[各種障礙]

何謂成人的發展障礙？

過去普遍認為發展遲緩是只發生在兒童腦部發展出現問題時。即使認知發展並無遲緩現象，而是長大成人以後才慢慢出現許多障礙，也需要旁人的理解並給予適當協助。

發展障礙的主要原因，是先天腦部機能障礙所引起的成長遲緩，常伴隨精神障礙或智能障礙等情形。發展遲緩一般多在嬰幼兒期診斷出來，因為是先天性的機能障礙，所以一生都會受到影響。但是，也並非因為天生而一輩子都不發展，雖然有發展障礙，但仍會隨長大成人而逐漸改善。

具體來說，依據身心障礙者權益保障法的定義，「自閉症、亞斯伯格症候群及其他廣義的發展障礙、學習障礙、注意力不足過動症，以及其他屬於此類腦部機能障礙的症狀，是常在幼兒及學齡時期發現的病症」。

但有越來越多例子顯示，雖然認知的發展沒有遲緩，**而是直到成年唸大學甚至進入社會工作後，才被診斷出發展遲緩障礙**。

這之中有一部分病症過去曾被稱為「輕度遲緩發展障礙」，但常會誤解障礙本身是輕度的，所以近年來已逐漸開始避免使用輕度二字。

由於認知的發展並無遲緩現象，只覺得是個稍有「異樣的小孩」，因此沒有因應處理障礙或受到特別照料；而是到了就學或進入社會工作後，開始有蠻多人產生障礙及困難。

患者因為旁人的誤解或不適當的應對，常導致拒絕上學或上班、喜歡獨處、憂鬱症等情況，所以更需要旁人的理解並給予關懷及協助。

成人的注意力不足過動症（ADHD）特徵

不願付出，只享成果

無法依計畫順序完成事項

很容易完全不記得約定或重要事情

不擅長處理需要動腦筋深思的課題

往往坐立難安，無法久坐

無法忍受不去做想做的事

・人際關係不好
・難以辨別非語言訊息，容易受到孤立
・會讓他人誤以為是性格問題
・不易找到工作或無法持之以恆

厭食或暴食都屬於進食障礙

事實上，過度控制飲食而變瘦的厭食症，和完全不控制飲食、暴飲暴食的暴食症，同樣都是攝食障礙的精神病患。厭食症嚴重的話，可是會致命。

有些人不論怎麼看都很瘦，卻仍一直說「我在減肥，太胖了」而持續過度控制飲食。剛開始是為了吸引異性注意而節食，於是設定減肥目標，努力瘦身達到更理想的完美體態。

但是，當貧血或生理不順身體發出警訊，卻仍然持續過度節食的話，即罹患「厭食症」，屬於一種「進食障礙」的精神疾病。

「**進食障礙**（Eating Disorder）」分為過度控制飲食而消瘦的「**厭食症**（神經性厭食症）」和完全不控制飲食而暴食的「**暴食症**（神經性暴食症）」兩種。

事實上，雖然兩者情況完全相反，但大約有三分之一的厭食症患者，因反作用而變成暴食症患者。進一步來說，就是這兩者都是因為「肥胖恐懼」或「極度想變瘦」，**只是發展的階段不同而已，所以可視為同類型的精神疾病**。

而且，雖然一般對「暴食症」患者有肥胖的印象，但也有人利用催吐或服用大量瀉藥等「代償行為」來達成暴食，即使外表已經比一般人都消瘦很多，但仍屬暴食症狀。

厭食症，又有「青春期消瘦症」的名稱，許多人自青春期到20歲左右，因身心精神的壓力或節食而發病。對吃有強烈的罪惡感，到死也不放棄減肥，家人要特別注意並給予關心。

什麼是攝食障礙？

厭食症（神經性厭食症）

容易因壓力或減肥而罹患的厭食症。為了減肥，反覆過度限制飲食或斷食的結果，造成身體抗拒食物、無法發揮消化機能、營養失調、體溫低、無生理期等情況。體重比一般人約少 15 ～ 20%就能判定為厭食症，也有厭食及暴食交替出現的例子。

暴食症（神經性暴食症）

為消解壓力，不斷且大量地吃直到嘔吐為止的暴食症。有些人是嘔吐完後，再繼續吃的暴食，和單純只是持續暴食的情況不同。除了體溫低及無生理期外，有些人因反覆嘔吐造成胃酸侵蝕牙齒，導致牙齒鬆動。

以下這些人容易罹患攝食障礙

- 10 ～ 20 歲的青春期女性
- 在意旁人目光的「模範生」
- 極度認真的完美主義者
- 常有「是不是太胖了」等外貌自卑感
- 自尊心低

割腕或割手臂等自殘行為的心理

傷害身體的自殘行為，雖然在自殺行為中也常見，事實上，多為釋放精神上壓力而表現出的行為。不過，反覆自殘或自殺會提高死亡風險。

是否曾聽過「割腕」或「割手臂」？顧名思義，「割腕」是用刀子或利器割傷手腕的部位；如果是割傷手臂部位，則稱為「割手臂」。近年來，年輕人發生「自殘行為」的情況日益增多。

其他還有如割傷腿部的「割腿」、用頭撞牆、用手捶牆或腳踢牆、咬傷手部、以及用打火機燒自己皮膚等自殘行為。

前述的這些自殘行為經常出現在**憂鬱症（第204頁）或攝食障礙（第214頁）、自閉症以及亞斯伯格症等發展障礙（第212頁）、濫用藥物等患者身上**。

自殘行為會發生於當患者感受到悲傷、憤怒、孤獨、疏離、不安或環境改變導致緊張等情緒時，為消解精神上的壓力而做出的行為。

也有人認為自殘者在傷害自己身體的時候，因為多巴胺的分泌或人格解離狀態的關係，只能感覺些微或幾乎不會感到痛楚。

不論是哪一種，**自殘行為都是消解壓力的行為**，透過傷害自己來確認存在感。而且往往經過了反覆多次的自殘後，導致逐漸感受不到自殘後的舒緩感覺，進而產生更嚴重的自殘行為。

換言之，所謂為了證實自己的存在，並不是真的想要自殺，但**有時候因致命的自殘行為致死或發展成自殺念頭，死亡風險會增加50至100倍，因此要特別注意**。

各種自殘行為

自殘行為有下列幾種狀況，習慣性自殘會逐漸惡化成更嚴重的情況。

- 割腕
- 割手臂
- 割腿
- 頭撞牆
- 咬傷手腳
- 攻擊牆等外物讓身體受傷
- 用打火機或香煙等燙傷皮膚

多數患者幾乎都是在悲傷、憤怒、不安、緊張、孤獨或疏離等情緒來襲時，為消解精神壓力而做出的自殘行為。很多自殘者在傷害自己身體的時候，幾乎不會感到疼痛，甚至有些人都不確定是否是自己造成的。

50多歲中年人自殺的比例最高

卡爾．榮格將中年喻為人生的日正當中，是回顧人生的起始點及發生各種變化的時候，同時也是重新檢視人生及轉換價值觀的重要時期。

心理學家卡爾．榮格（Carl G. Jung），用太陽的運行來比喻人生40歲左右，稱為「**人生的日正當中**」。日正當中是陽光和陰影交換方向的起點，而光照耀的方向也由此之後開始轉變。心理學家丹尼爾．李文森（Daniel J. Levinson）也表示，40歲左右是「人生的過渡期」，是回顧及審視前半生的時候。

不論哪一種說法，都強烈讓人意識到此階段為人生的轉折點。實際上，40歲是工作的顛峰期，不論在職場或社會都是擔任核心的角色，同時也是容易發生各種衆所周知「**中年危機**」的時期。

例如，身體的變化有體力及精力的衰退、白髮或皺紋等老化的開始；更年期障礙或性功能減退，也是從中年期開始。而且職場也會產生變化，新技術或職能上適應困難、不論好壞的升遷或調職，都會感到壓力。

進而還有子女的升學考試或獨立外出工作、照顧父母的看護等問題。越是埋頭工作的人，與家人的摩擦也會日漸明顯。

於是，出現拒絕上班或不想回家、失眠、頭痛、腹瀉等症狀；女性的話，則出現小孩長大、成家立業獨立生活後感到空虛的「空巢期症候群」（第208頁），甚至導致憂鬱症或自殺的情況。

如同榮格或李文森所闡述，**中年是審視人生及價值觀的轉換，以及重新模索自我的重要時期**。

中年是人生的日正當中，也是人生的轉折點

- 中年是工作的顛峰期
- 在職場或社區擔任中堅重要角色
- 前半及後半人生的轉折點
- 卡爾・榮格以太陽的運行來比喻 40 歲左右，為「人生的日正當中」
- 愛利克・艾瑞克森的人生八階段，將 30 歲後半到 60 歲前半的這段期間列為中年期。

中年危機

中年期因各種變化容易陷入心理的危機。

身體的變化

- 體力衰退
- 容貌衰老
- 疾病纏身
- 更年期障礙
- 性功能減退

職場的變化

- 升遷或挫折等工作上的變化
- 新技術或職能上的適應
- 感受到工作能力的極限

家庭關係的變化

- 子女獨立
- 父母親的責任減少
- 照顧年邁雙親
- 夫妻間的摩擦

觀念及想法的變化

- 無法立即因應新事物
- 想法變得保守
- 無法維持彈性思考
- 執著於過去的成功經驗

拒絕上班、不想回家、失眠、頭痛、腹瀉、空巢期症候群、憂鬱症、自殺

▼

重新摸索、構築自我

各種不安障礙

不安感中主要常出現的症狀為「焦慮」，如身體並無異狀卻常感到心悸或暈眩的混亂障礙，或重複相同行為的強迫性障礙、創傷後壓力症候群等病症。

常感到極度不安的人，日常生活很容易受到影響。這些人會一直擔心門窗是否關好而不停回家察看，或是擔心有細菌而不停洗手等。

這種不安感產生的最主要精神障礙，稱為「焦慮症」。「焦慮症」有許多種情況，如身體健康無礙，但卻突然心悸或暈眩的「**恐慌症**」。相信很多人都有過不知為何焦慮不安、混亂而恐慌發作（第66頁）的經驗。

擔心會發生什麼事情的預期心理所產生的不安，因而避免搭電車或到人潮擁擠的地方等行為，就屬於「恐慌症」的現象，或是對特定的刺激產生恐懼而躲避的「**恐懼症**」，其中也有因恐慌症再引發恐慌的雙重恐慌；害怕身處無法逃離的地方，如熱鬧的廣場或密閉空間等而不敢出門的「**廣場恐懼症**」。

還有無法與人正常互動及害怕與人接觸的「社交恐懼症」、害怕某種物體如蛇或蜘蛛的「特殊恐懼症」。

也有與特定因素相反，長期沒有原因地對很多事情焦慮不安，即稱為「廣泛性焦慮症」。

還有會反覆確認門窗有無關好的情況，或是腦海中不停重複浮現某種想法或是不斷重複相同行為的「強迫症」、以及因災害、事故，或犯罪受害等導致身心受重創的「**創傷後壓力症候群**（Posttraumatic Stress Disorder，**簡稱**PTSD）」（心靈創傷後產生的壓力障礙）也是屬於不安障礙的一種。

各種不安障礙

恐慌症

身體健康無虞，卻突然在 10 分鐘內心悸或暈眩，而在 30 至 60 分鐘內停止並恢復正常。

廣泛性焦慮症

沒有原因地，長期持續對很多事情焦慮不安。

恐懼症

對特定的刺激或情況，產生恐懼而躲避的心理。

社交恐懼症

無法與人正常互動並害怕與人接觸，如視線接觸恐懼、臉紅恐懼、上台演說恐懼等。

特殊恐懼症

對特殊物體或狀況，如蛇或蜘蛛、打雷或注射等的恐懼。

廣場恐懼症

因害怕人群紛亂混雜或不易逃離的地方，而不敢外出的不安症狀。

創傷後壓力症候群（PTSD）

因災害或事故、被害等事件，導致心靈受到重創所引起的不安。

強迫症

腦海中不停浮現某種想法，或是因強烈不安產生特定的強迫觀念，而重複做相同行為。例如絕對不觸碰電車上把手吊環的潔癖強迫症，或反覆回家檢查門窗是否上鎖的確認強迫症等。

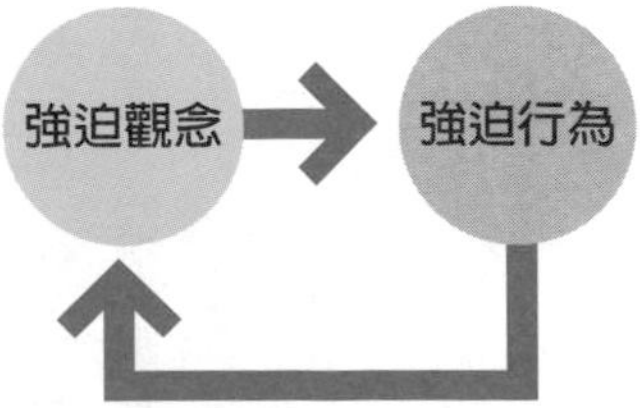

各種障礙

身體的異狀多出自心理

身體健康無礙但卻覺得走不動或是眼睛看不清楚，心理學上稱之為「轉換性障礙」，過去稱為「轉換性歇斯底里」。

聽到「歇斯底里」，是否馬上聯想到情緒激動、失常的女性呢？這是因為佛洛依德曾經的研究對象，就是「歇斯底里」女患者，所以有這樣的慣用語。

心理學上所說的歇斯底里，在精神官能症中主要分為轉換性歇斯底里及解離性歇斯底里兩種。現在將轉換性歇斯底里稱為「轉換性障礙」，即**身體完全沒有異狀，卻有走不動**、**喪失視力或說話能力**、**運動麻痺**、**知覺麻痺等症狀**，例如卡通「小天使」中的小芬，就疑似罹患這種轉換性障礙。

第二種是心理性障礙，與「轉換性障礙」相同，主要是患者主張身體不適，但從醫學檢測的角度來看並無病因，無法以身體不適來說明的障礙。像是主張頭痛及暈眩等不適，但內科診斷並沒有任何異常的「**身心症**(Somatoform Disorder)」，即為其中一例。

或是懷疑自己生病而感到焦慮不安的「**慮病症**(Hypochondriasis)」，以及身體總是感到些微痛疼，卻找不出異狀的「**疼痛症**」。

附帶一提，覺得自己太醜、不敢面對他人而不停整形的人，則為「**身體畸形恐懼症**(Body Dysmorphic Disorder)」，曾經同樣被視為身心症，但現在則屬於強迫症的病徵。

什麼是身心症？

・主張身體不適，但自醫學的角度來看並無病因，是無法以身體疾病來說明的心理性障礙。
・曾經屬於精神官能症的「轉換性歇斯底里」，現在稱為「轉換性障礙」。

各種障礙的症狀

轉換性障礙

身體完全沒有異常狀況，卻走不動、喪失視力或說話能力、運動麻痺、知覺麻痺等症狀。

身心症

常在 30 歲以前發病，長時間主張頭痛、暈眩、嘔吐、腹痛、疲勞感等身體不適，內科診斷卻沒有異狀。

慮病症

對於身體情況或機能過於敏感，常懷疑自己生病而焦慮不安。

疼痛症

身體總是感到疼痛，但內、外科檢查都找不出異狀。

身體畸形恐懼症

覺得自己長得太醜，不敢面對他人或是情緒抑鬱。多半發病於青春期，有些人會不停照鏡子或不斷整形。

各種障礙

多重人格或自我放逐等現象的解離性障礙

偵探懸疑劇或電影中出現的雙重人格角色，在心理學上屬於「解離性障礙」的一種，為「解離性身分障礙」。而多重人格交替出現的目的，是想保護自己。

精神官能症的「歇斯底里」中，有過去稱為「解離性歇斯底里」，而現在稱為「解離性障礙（Dissociative Disorder）」的病症。這裡的解離是指，**當事人的記憶或思考等，也就是所謂人格整體表現上出現障礙，並與其部分分離**。

例如嚴重的衝擊創傷經驗或壓力下，喪失某一特定期間或全部的記憶，稱為「解離性失憶」，不過多半會隨著時間逐漸恢復記憶。

或是突然逃離家庭或工作，過著自我放逐的生活，喪失自己過去全部或一部分記憶的「解離性迷遊」；還有感覺自己與身體分離，失去整體一致性的「人格解體障礙」，因為沒有現實感，就像旁觀者觀看自己一般。

「解離性障礙」中，最廣為人知的疾病就是「解離性身分障礙（Dissociative Identity Disorder）」，也稱為「多重人格症」，是一個人同時存在兩種以上獨立人格的狀態，**多重人格會交替出現，以保護自己的內心世界**。

其實，這種情況常因幼童期受到身體、精神、性虐待的傷害，是創傷後壓力症候群所併發，由心靈創傷（心的外傷）所導致。

什麼是解離性障礙？

・過去屬於精神官能症的一種，名為「解離性歇斯底里」。
・病症為當事人的記憶或思考等，也就是所謂人格整體表現上出現障礙，並與其部分分離。
・解離原本是指處理心靈創傷（心的外傷）的防禦機制，是一種因受到重度衝擊創傷經驗所產生的現象。

各種解離性障礙

解離性失憶

又稱為心因性失憶症，因嚴重的衝擊創傷經驗或壓力而喪失某一特定期間或全部的記憶，多半會隨著時間逐漸恢復記憶。

解離性迷遊

突然逃離家庭或職場，過著自我放逐的生活，喪失自己過去全部或一部分記憶。

解離性身分障礙

也稱為「多重人格症」，是一個人體內具有兩種以上獨立人格的狀態，主人格與其他多重人格交替出現以保護內心世界。主人格也是交替出現的人格之一，主人格不一定是真正的本人。這種多重人格症，多半是在幼童時期曾受到身體、精神、性虐待的傷害所導致。

人格解體障礙

感覺自己與身體分離，失去整體一致性，因為沒有真實感就如同旁觀者觀看自己身體的體驗。

引發各種問題行為的人格障礙

有「人格障礙」的人，往往性格極度偏激，難以適應社會，常造成旁人的麻煩。當事人通常也非常痛苦，與其他的精神病患一樣，容易產生高度依附失衡狀態的問題行為。

「人格障礙症」患者相較於一般人，想法或行動太過偏激，常造成社會生活或人際關係不良。德國精神病理學家Kurt Schneider表示「**因為性格偏離正常，不僅自己痛苦，也讓旁人痛苦**」，明確指出完全是其人格的原因造成與旁人的裂痕。

其症狀依感情範圍與強度、人際關係、積極性、想法等基準分為三大類（如左頁圖）。A型擁有奇特的信念或習慣，與分裂型人格障礙連結性高；B型是情緒及情感表現不穩定、採取奔放的態度及行動，與邊緣型的觀念及高度依附失衡狀態的連結性高；而C型是對人際關係沒有自信，常感到不安和恐懼，一直以來與精神官能症概念的連結性高。

A型中，又分為擁有強烈的猜疑心和會懷疑他人的「妄想型」、喜怒哀樂匱乏又自閉的「人格障礙型」，以及充滿離奇幻想的「精神分裂型」。B型包括，反覆做出違法行為的「反社會型」、情緒及情感表現不穩定的「邊緣型」、像演員誇張表演般的「表演型」、感覺自己優秀又高傲自大的「自戀型」。最後，C型有害怕遭受批評而逃避的「迴避型」、過度需要被照顧又離不開他人的「依賴型」、完美主義不容失敗的「強迫型」。

這些症狀往往長大成人才出現病徵，造成人際關係出現問題，無法快樂享受人生。換句話說，他們活得很痛苦的主要原因，其實就是有人格障礙的問題。

人格障礙的類型

人格障礙

因人格特徵明顯偏離正常，無法適應環境和社會而產生問題。

DSM-5 將人格障礙分為三大類型，共十種症狀。

三大類型	種類	特徵
A 型 抱有妄想，容易採取奇怪的信念或行動 	妄想型	猜疑心重，常毫無證據就懷疑旁人欺騙自己；嫉妒心強，對於別人的攻擊或侮辱特別敏感。
	人格障礙型	不關心他人或社會、不與他人交流等缺乏情感的表現。
	精神分裂型（思覺失調症型）	執著於如靈感或魔術般脫離現實的妄想及迷信，疑心病重，容易不安及恐懼害怕。
B 型 激烈的情緒及混亂的情感 	反社會型	不關心他人的心情或權利，以自我為中心，為了自己的利益，能面不改色地說謊，違反社會規範和法律也無所謂。
	邊緣型	情緒及情感表現不穩定，常做出衝動型自殺或自殘等自我毀滅行為。
	表演型	為吸引旁人目光，誇張似表演般的言語或行動。
	自戀型	自尊心高，只關心自己，感覺自己是特殊的存在，會利用他人達成目的。
C 型 對人際關係容易感到不安及恐懼 	迴避型	自卑、極度害怕受到傷害，畏懼別人的批評、反對和侮辱，避免與人交流。
	依賴型	小事情也無法自己決定，只要能一直依賴對方的話，願意付出任何代價和犧牲。
	強迫型	極端的完美主義，固執於小細節，不知變通而沒有效率，雖然認真謹慎但無法因應變化。

各種障礙

家長影響小孩的虐童問題

受到拳打腳踢、惡言、脅迫、性虐待等傷害的兒童，正逐年增加。大部分會虐童的父母，本身都曾有過受虐經驗，這是因父母的病因而衍生的悲劇。

每年，日本全國兒童相談所掌握的虐待兒童件數都在破新紀錄。2014年約8萬9千件，10年間約增加三倍。

透過知識教育等宣導活動，多少提高社會大衆關心受虐兒童的意識，但通報或諮詢的聯絡件數卻仍只是冰山的一角。受虐兒童的實際情況，應該會比通報件數多上好幾倍。

究竟什麼是**虐待兒童**？像是對兒童拳打腳踢、猛烈搖晃其身體、用熱水或香煙頭燙傷兒童等暴行，很多人會聯想到「**身體虐待**」。但是，不僅是這些暴力行為，還有言語暴力以及脅迫或鄙視等心靈上的「精神虐待」，也是其中一類。

此外還有強迫心靈受創的兒童發生性行為，或強拍裸照等，將兒童當成性對象的「**性虐待**」，或是讓兒童生活在不潔的環境中，不給食物、不讓兒童上學受教育等棄養行為的「**疏忽照顧**」都是。

會**虐待兒童的父母本身都曾有過受虐經驗，是由父母親的病所衍生的悲劇**。

另外，虐待的特殊例子是「**代理型孟喬森症候群**(Munchausen Syndrome by Proxy)」。孟喬森症候群是為裝或製造生病來博取他人的同情或關心，代理型則是父母將兒童當成自己的替身，**傷害兒童後再扮演辛苦照顧病人的父母，並吸引他人關注及同情的心理**。日本福岡縣曾發生母親餵一歲半的女兒吃抗癲癇及痙攣的高危險性藥物；在岐阜縣也有母親將細菌混入兩個小孩施打的點滴中，都屬於這類的實例。

虐待的類型

①虐待身體

拳打腳踢、猛烈搖晃、用熱水或香煙頭燙傷其身體的暴行。

②精神虐待

以語言暴力或脅迫、鄙視的態度造成其心理的傷害。

③性虐待

以兒童為性對象，強迫發生性行為或強拍裸照等。

④疏忽照顧

使兒童生活在不潔的環境中，並不提供基本需求之棄養行為，如食物或受教權。

好餓
哭哭～

代理型孟喬森症候群

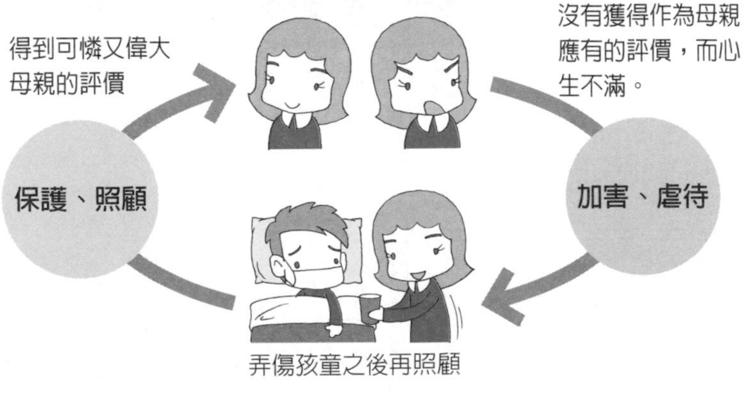
得到可憐又偉大母親的評價
沒有獲得作為母親應有的評價，而心生不滿。
保護、照顧
加害、虐待
弄傷孩童之後再照顧

成癮及依存症

很多東西會讓人成癮，如香煙或酒類等「物質成癮」、自身行為成癮的「行為成癮」，與人關係成癮的「人際關係成癮」。

成癮（Addiction），是指不斷追求某種特定刺激或快感的傾向。典型的成癮狀況，分為以下三類：

第一類是「**物質成癮**」，主要是對酒精、尼古丁、咖啡因或藥物等物質的成癮癖。不只是這些會讓人產生高度依賴的物質成癮，若是對食物成癮，就容易罹患暴食症。

第二類是依賴自己本身行為的情況，稱為「**行為成癮**」。典型的行為像是賭博性質的柏青哥或賽馬，以及購物狂、割腕、偷竊和沉溺於使用手機或SNS等社交軟體的成癮行為，都屬於行為成癮。

第三類是「**人際關係成癮症**」，情侶或夫妻、親朋好友等依存於固定的人際關係中，特別是當雙方都過度依賴彼此時，容易罹患「互累症」。

例如與家暴的施暴丈夫形成互累症關係時，即使被家暴也會認為丈夫本性善良，而且對方不能沒有自己，造成雙方都無法獨立生活的情況（第182頁）。

各種成癮產生的原因，很多是不願面對現實生活，或是為了想要從痛苦中解脫的逃避心態，結果**演變成互累症，造成無法適應社會的情況**，因此要特別注意。

成癮的三種類型

成癮

①物質成癮

物質攝取成癮

- ▶酒精依存症
- ▶尼古丁依存症
- ▶暴食症
- ▶大麻等藥物依存症

無法脫離菸酒或藥物等物質

健康損害

②行為成癮

行為依存

- ▶賭博依存症
- ▶工作依存症（工作中毒）
- ▶購物依存症
- ▶小偷、竊盜癖
- ▶智慧型手機依存症

賭博、購物等行為成癮

社會適應不良

③人際關係成癮

人際關係依存

- ▶互累症
- ▶戀愛依存症
- ▶性依存症

與伴侶的相互依存

無法獨立生活

Column 10

•

精神分裂症，
已從「精神癌症」轉爲可治癒的疾病

過去，藥物治療還沒有像今日這般進步發達，「精神分裂症」患者偶爾會引發重大事件，引起社會注目，也造成社會對「精神分裂症」的恐懼及曲解。民眾對此疾病的偏見及名稱已不符合病症的詳細情況，於是日本在 2002 年 8 月將此病更名為「統合失調症(Schizophrenia)」（譯註：2014 年，台灣將「精神分裂症」更名為「思覺失調症(Schizophrenia)」）。

此病初期的症狀有幻聽、幻覺，或被害妄想等現象，而且情緒不穩定，會反覆做出怪異的行為，像這種明確異常行為的表現，稱為「正性症狀」。隨著病症的發展，逐漸表情淡漠、僵化、注意力降低、無法正常思考、言語貧乏、意欲減退，稱為「負性症狀」。於是逐漸有一些人格缺陷，一旦發病就無法治癒而逐漸惡化，稱為「精神的癌症」，讓人深感恐懼。

思覺失調症分為以下三種類型，有幻想或幻聽的「幻聽型」和意欲減退、表情淡漠、有自閉傾向的「紊亂型」，而「緊張型」則是極度的抵抗或無言拒絕反應的病症。發病率一般約為 1%，多數會在青春期至 20 歲左右發病，雖然原因不明，不過隨著醫療技術進步，在服用抗精神病藥物後約四分之一可以治癒，並不是可怕的疾病。

Chapter

10

避險心理學

[自我防衛知識]

幸運或幸福也是一種壓力!?

完全沒有壓力的生活會讓人感到乏味，生活中有適度的壓力反而比較好。不幸或災難會讓人產生壓力，但也不要忘記，幸運或幸福有時也會變成很大的壓力來源。

本書第200頁也有提到，壓力是為了適應環境的防禦反應，排除刺激來源應激物、不要壓力、改變想法、正面應對等有意識的轉念，與壓力和平共處才是關鍵。但是，如果完全沒有壓力又會如何呢？

加拿大的生理學家漢斯．塞里（Hans Selye），將壓力比喻為人生中的調味料，而生活在完全沒有壓力的環境中，就像沒有放調味料的菜餚，沒有滋味；反之，太多的調味料，做出的菜也無法食用。

也就是說，**適度的壓力就如同恰如其分的調味料**，**能適度刺激生活並且帶來新鮮感**。常言道，壓力會成為問題，這是因為過度的壓力所致。那麼，如果人生只有快樂或幸福，應該就不會感到壓力了吧？

美國社會心理學家霍爾姆斯等人（Thomas Holmes & R. H. Rahe），將導致日常生活產生變化的事件，依因應狀況所需付出處理的程度分別給予壓力指標數值，即為「社會再適應評量表（Social Readjustment Rating Scale，簡稱SRRS）」；以地震來比喻，為「**壓力的強度**（Stress Magnitude）」。

霍爾姆斯發現過去1年內所發生的事件合計點數約200至300點的受試者，在接受評量後的1年內，約有半數產生壓力症狀的可能性極高。依此可知，不是只有悲劇或災難會產生壓力，**幸運或幸福亦是壓力的來源之一**。

人生前 20 大壓力事件

社會再適應評量表（壓力的強度）

順位	重大事件	壓力程度
1	喪偶	100
2	離婚	73
3	夫妻分居	65
4	入獄坐牢	63
5	親人過世	63
6	個人疾病或受傷	53
7	結婚	50
8	失業	47
9	夫妻破鏡重圓	45
10	退休或引退	45
11	家人身體健康的變化	44
12	懷孕	40
13	性功能障礙（性生活困難）	39
14	家庭新成員的誕生	39
15	事業有重大調整	39
16	經濟狀況的變化	38
17	朋友過世	37
18	工作的改變（轉業等）	36
19	家庭暴力	35
20	負債超過 100 萬日圓	31

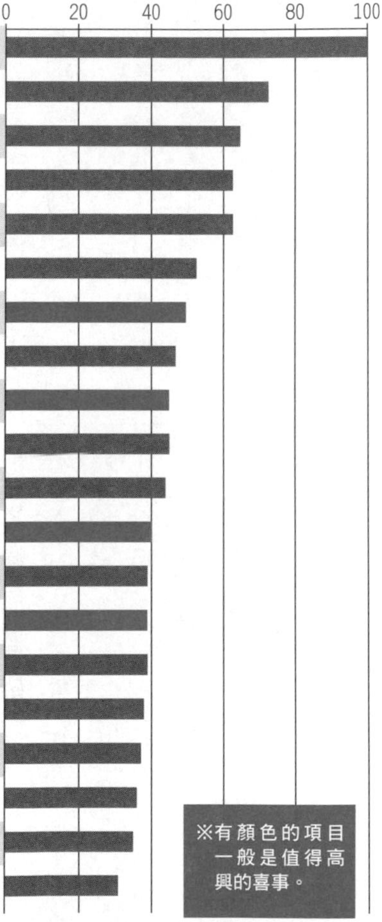

※有顏色的項目一般是值得高興的喜事。

美國社會生理學家霍爾姆斯等人，蒐集過去 1 年內所發生的事件，發現壓力程度合計點數落在 200 ～ 300 點的話，有約半數的受試者會產生壓力症狀。

自我防衛知識

形成團體後更容易加劇霸凌的心理

從學校到職場，都不斷聽到有人因霸凌而自殺的消息。形成團體後會逐漸加劇霸凌程度，這與各種團體心理如同儕壓力或團體迷思等關係密切。

每年不斷有人因校園霸凌事件自殺過世，最近也出現職場的霸凌。

而所謂的「**騷擾**（Harassment）」或「欺辱」，也屬於霸凌行為；另外還有精神的霸凌（精神騷擾），或在組織和職場中，利用自身的權利或職位騷擾或欺凌下屬的霸凌（職權騷擾）、性的霸凌（性騷擾）等。

為什麼校園到職場的霸凌情況如此普遍且嚴重呢？在心理學中最有說服力的理論是「緊張理論（Strain Theory）」和「控制理論（Control Theory）」。

美國社會學家羅伯特・默頓（Robert C. Merton）提出的**緊張理論**是指，**個人需求受到阻礙無法滿足時，產生挫折而導致攻擊行為**。美國心理學家約翰・多拉德（John Dollard）和尼爾・米勒兩名學者（Neal E. Miller）提倡的「挫折攻擊假說」，也持相似的論點。

另一方面**控制理論**是指，攻擊性衝動應受到社會規範或道德良心的制約，**當這個制約控制力薄弱時，就無法抑制攻擊衝動而發展成霸凌**。

日本的「團體凝聚性」很高，追求「團體統一性」，是從眾行為（第90頁）很明顯的國家，壓制反對意見，非常容易陷入劣於個人的想法又不合理的「團體迷思」（或稱為團體思考）。

無論如何，霸凌別人，自己也會逐漸討厭自己，反而讓自己受到更深的傷害。

發生霸凌的過程

校園或職場的「霸凌」幾乎都依以下的心理流程所產生。

①攻擊性

攻擊別人的殘酷程度宛如動物的本能。

②欲求不滿

在學校、家庭或職場無法滿足需求，產生不安、緊張，不斷累積壓力。

③攻擊動機

累積的不滿或壓力，會朝特定對象宣洩。

④發現代罪羔羊

以團體為基準，將稍微弱勢或不服從者列為攻擊的對象。

⑤攻擊行動

為排解不滿，以言語攻擊或刻意孤立對方，並使用暴力攻擊當事人的親友，讓其痛苦。

造成他人困擾也毫不在乎的心理

電車上大聲喧嘩的女高中生、張開雙腿豪邁坐著的男性、正在化妝的粉領族等，大咧咧地做著會讓別人困擾的行為。那麼，人為什麼會做出造成他人困擾的行為呢？

日本民營鐵道協會每年針對「在車站和電車內會感到困擾的行為」（如左頁）進行問卷調查，結果第一名是「大聲喧嘩吵鬧」、第二名「坐姿不良」、第四名和第五名則為「手機的來電提醒或通話太大聲」及「耳機音量過大」、第八名是「車上化妝」……。

但是，為什麼人們會做出造成他人困擾的行為呢？像這種違反社會規範困擾他人的行為，社會學稱之為「**脫序**」。脫序的理論前述也有說明，即是**控制理論**。一般人會受法律或社會規範、良心等制約，這個**控制力薄弱時，就會產生脫序行為**。

曾經有個以學生為對象的實驗，讓他們各別單獨接受試驗，若聽到測試結束鈴聲時，就要停止作答。當監考官不在時，有71%的學生在鈴聲響起時仍繼續作答。也就是說，一旦不受監督、失去社會控制時，良心的制約力薄弱，人就容易產生脫序行為。

但是，仍有許多現象無法以控制理論充分說明，例如**透過學習來表現脫序行為的「社會學習理論」**；相反如**社會強力貼標籤的控制下，脫序行為會更突顯的「標籤理論」**。

所以，人會學習即使看到有人的電車上化妝也不生氣的行為，同時也有些人會認為，化妝是造成他人困擾的標籤行為。

電車中造成他人困擾的行為

日本民營鐵道協會每年針對「在車站和電車內會感到困擾的行為」進行問卷調查，最多提出三個會對自己造成困擾的行為。以下是 2015 年度的排行名次。

在車站和電車內會感到困擾的行為排行（2015 年）

順位	感到困擾的行為	比例（%）
1	大聲吵鬧及喧嘩	38.0
2	坐姿	31.4
3	下車時的禮儀	29.8
4	手機來電提醒或通話聲太大	25.5
5	耳機聲音太大	25.1
6	行李的拿法及放置位置	23.9
7	丟棄垃圾及空瓶	19.7
8	車內化妝	16.5
9	坐在電車地板上	16.2
10	抽煙	14.8
11	酒醉乘車	14.4
12	在擁擠的電車內飲食	11.9
13	在擁擠的電車內閱讀報紙、雜誌、書籍等	8.2
14	其他	7.4
15	操作電子商品時所發出的聲音	7.2
16	並無特殊困擾行為	0.3

以「請寫出搭乘電車時會感到困擾的三種行為」為題的問卷調查，其中前十六項的調查結果。

自我防衛知識

鄰居間的糾紛是為了搶地盤？

人際關係越來越淡薄的現代社會，鄰居間因噪音或亂丟垃圾等問題不斷產生糾紛。而彼此的地盤，即「個人空間」受到侵犯，或許是造成糾紛的原因。

噪音或振動、寵物的排泄物丟棄垃圾集中處等問題常會造成鄰居間的糾紛。簡單來說，造成糾紛的原因即是沒有公德心。試著用心理學的角度來分析造成鄰居間糾紛的原因吧！

很多問題的起因是地盤的糾紛問題，與心理學上的「個人空間（Personal Space）」有關。

像是故意產生噪音或縱容寵物的排泄物而不清理等的行為，因為在個人意識中是自己的生活空間或習以為常的生活習慣，如帶寵物散步的道路等，所以並不認為這對別人造成困擾。

另一方面，受到影響與困擾的人則認為，在放鬆身心的個人空間受到噪音干擾時，便會覺得自己的生活遭到侵犯。這就與在平常散步的道路上看到寵物的排泄物一樣，會要求對方解決噪音或寵物排泄物的問題，也就是說限制對方個人空間內的行為。

如果用動物來比喻的話，**彼此因領域空間（地盤）受到侵犯，導致鄰居間相互攻擊、競爭的行為**。

而且這類事件目前正在加速惡化中，造成社會的互信力變得薄弱。鄰居間的糾紛多半是民事案件，警察一般無法介入應對，也無法發揮法律的約束機制，所以脫序的行為會日益嚴重。

與鄰居間的各種糾紛

造成鄰居間糾紛的原因很多，如噪音或將寵物排泄物丟棄垃圾集中處等。現今社會的人際關係日漸淡薄，和鄰居間的交往也越來越少，當彼此的自我意識高漲，做出讓他人困擾的行為時，衝突將一發不可收拾，甚至演變成長期的糾紛。

與鄰居間的摩擦及個人空間

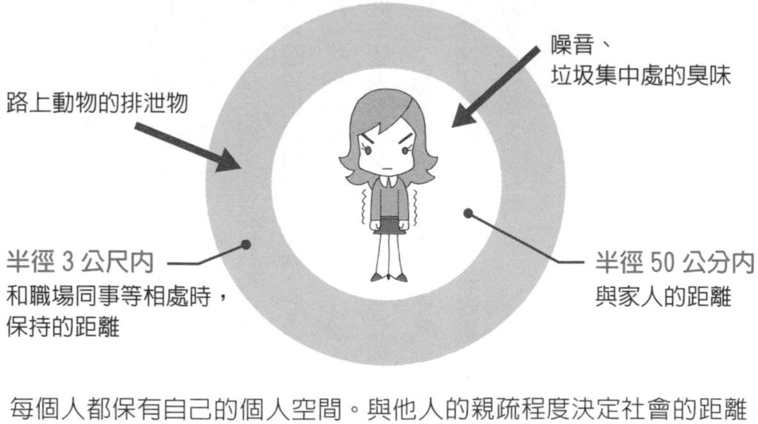

每個人都保有自己的個人空間。與他人的親疏程度決定社會的距離，當個人空間領域受到侵犯時會感到不悅。鄰居間產生糾紛的原因，是因為個人空間受到侵犯。另一方面，對造成糾紛的人來說，因自己個人空間的行為受到限制，而覺得個人領域受到侵犯。

自我防衛知識

奧客的人們

充滿壓力的社會環境使得抱怨投訴的情況日益增加。所謂的抱怨怪獸，不僅是感到不利時會抱怨，有時就只是為了抱怨而抱怨。

現今的社會處處充滿壓力，有許多執著於自己因不友善的服務或環境造成的損失，而不斷要求賠償或補償的人，稱為**抱怨怪獸（Monster Claimer）或奧客**。本書第94頁中也曾說明，其實抱怨投訴的意見不只是對新商品開發或服務提升有很大的幫助，如果能妥善處理抱怨的話，很有可能培養出優質顧客。

然而，若只是為了獲取高額的商品或無理的金額補償的抱怨，此時店家就必須確定立場，以明確堅定的態度向對方表明只能在一般認知的範圍作出補償，清楚明白地請對方接受。

但是如同怪獸般的抱怨——**目的只是利用投訴來抒發自己的壓力**。因為投訴本身就是目的，因此實際上無論怎麼處理都無法消弭其不滿。

此時，應該注意不要受到對方挑釁影響、切莫隨之起舞，認真聽完對方投訴的原由。如果對方仍一直電話投訴不滿，且投訴已超過社會大眾一般認知程度的話，可以考慮申請強制妨害業務罪或強迫罪等法律途徑。

有時候，抱怨投訴人執著的目標是出面處理的人。他們多半是**為了尋求聊天或戀愛的對象，逐漸演變成跟蹤狂的可能性極高**。

因目的不同的抱怨

要求改善為目的

單純以訴求自己的損失為目的，能有機會獲得改善方案，是有益的顧客。

以金錢或物品為目的

以金錢為目的的客戶只要達到目的，大部分馬上就會爽快停止抱怨。但是對於不合理的要求必須保持堅定的態度，不要讓對方覺得還可以進一步要求。

以抱怨為目的

不是好應付的客人，因為藉機不停抱怨就是他的目的，不論是誰也無法阻止其抱怨，只能注意不被對方挑撥、不隨之起舞，就能妥善處理。

以得到關心為目的

抱怨者所執著的不是金錢，也不是為了抱怨，而是與其應對的人。許多時候是希望能有個說話或戀愛的對象，也有變成跟蹤狂的情況。

噓爆他人、網路霸凌的心理

因在網路上漫罵而被逮捕的人，看起來就和一般人一樣。人為什麼會利用網路使用暴力，毀謗中傷他人呢？

在網路上毀謗中傷某人，或是網路右翼（網路上的保守派）的**仇恨言論**（Hate Speech），成為現今的社會問題。這些人不使用本名，而是以匿名方式不斷發表攻擊性言論。因為匿名的關係，心理上更加肆無忌憚地散布攻擊性言論。

美國心理學家，史丹佛大學菲利普・津巴多（Philip Zimbardo）教授做過以下的實驗，將受試者以三人為一組，共分二組，當暗樁扮演的學生答錯問題時，受試者可以給予電擊。第一組唸出名字並配帶名牌，第二組則是蓋上白色衣服或頭巾的匿名方式。結果證實，匿名之第二組的電擊時間比第一組多兩倍。

由此可知，**人因匿名性而獲得保障，在責任分散的情況下，自我約束的意識降低，因「同質化」表現出情緒性、衝動性、非合理性的行動，與期待的角色呼應，攻擊變本加厲**進而影響旁人，產生相同的行動。

網路世界因匿名而獲得保障，當多數人一起發表言論時，責任也被分散。在這樣的環境下，會產生「同質化」，因此自我約束意識降低，並受到充滿情緒性的仇恨言論煽動而投稿發表看法，產生火上加油毀謗中傷他人的現象。

匿名的可怕

獄監與囚犯（史丹佛監獄的實驗）

美國心理學家菲利普．津巴多在史丹佛大學進行的心理實驗中，首先將受測者分為獄監及囚犯二組，並讓獄監帶上墨鏡、囚犯遮眼匿名。此情況下，獄監會施以更嚴厲的酷刑。

網路上盛行的匿名及團體行動的心理

網路世界能充分利用匿名的好處，但也有許多陷阱及缺點，像是受到匿名的保護，不必對自己的發言及發布的文章負責任時，自我約束規範的意識減弱，激烈的毀謗中傷或是仇恨言論等將會徹底成為攻擊對方的利器。

善於職場社交活動

在網路上宣洩不滿

善於職場社交的人，在網路上匿名攻擊別人的情況時有所聞；或是受到可以匿名投稿的團體社群所煽動，發表的文章意見容易更偏激。

社群網站比報紙更受信任的心理

即時通訊Line或推特(Twitter)、臉書(Facebook)等社群網站所發布的訊息，明顯有很多是錯誤的情報。雖然如此，為什仍然比報紙或專家的意見更容易受到信賴呢？

「某位名人已經離世」、「某月某日起，不再提供某項服務」，這類謠言在現今的網路世界流傳得非常快且廣。這種毫無根據或未經查證的資訊，即為「流言」。

高爾頓．奧爾波特(Gordon W. Allport)的研究小組將流言散布的程度用下列公式表示：R(流言散布廣泛程度)＝I(資訊重要性)×A(資訊曖昧性)。簡單來說，**「流言」的資訊不充足、重要程度高和資訊越曖昧不明的話，散布的程度就越廣泛**。或是其內容隨著逐漸傳遞而喪失細節，簡短的摘要(平均化)、只強調其中一項重點(強調性)、融入傳達者主觀意見，進而導致內容扭曲(同化)並不斷地廣泛流傳。真的如同大家所認知般，網路世界是流言的溫床。

但是，為什麼可信度低的社群網站的資訊比電視或報紙更受到大衆信賴呢？原因和信賴性發揮的效果有關。

卡爾．霍夫蘭德(Carl I. Hovland)的研究小組，讓受試者接收分別來自可信度高與低的資訊來源，然後調查他們態度的變化。雖然可信度高的資訊來源在當下態度的立即性變化比較大，不過4週之後會因「遺忘(Forgetting)效應」而急速下降。相反地，**可信度低的資訊來源在4週後反而逐漸上升**，兩者幾乎達到相同水準，這為「催眠者效應(Sleeper Effect)」。

更進一步來說，相同的資訊不斷重複曝光，會受到「純粹接觸效應(Mere Exposure Effect)」的影響，導致說服力上升。

所以在網路上不斷大量接觸的類似資訊，反而比較受到信賴。

奧爾波特研究小組定義的流言公式

$$R = I \times A$$

Rumor
流言散布的程度

Important
資訊的重要性（與自己生活密切程度）

Ambiguity
資訊的曖昧性（越曖昧就越想確認）

遺忘效應與催眠者效應

可信度高的消息 → 立刻 → 態度變化很大 → 4週後 → **態度的變化趨緩** → 遺忘效應

可信度低的消息 → 立刻 → 態度變化很小 → 4週後 → **態度的變化增強** → 催眠者效應

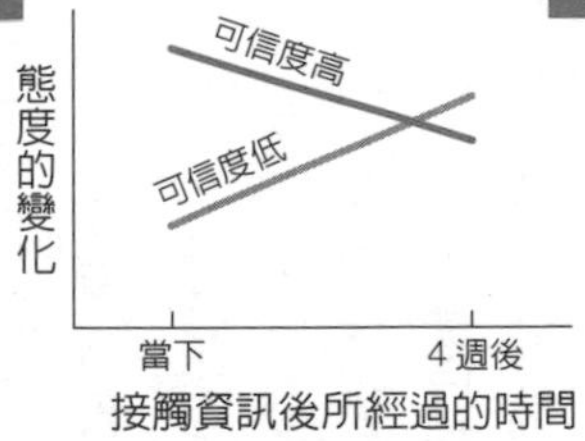

（出處： 霍夫蘭德等，1951）

態度的變化趨緩 ⟷ 幾乎相同程度 ⟷ 態度的變化增強

遺忘效應

催眠者效應

約一個月後，可信度高和低的消息，在記憶裡擁有相同的可信度。

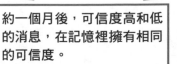

為什麼會出現群體恐慌？

因重大災害或事故造成不特定的多數人同時遭遇危機，或是因為沒有正確傳遞訊息，被流言或謠言煽動產生害怕心理時，人會陷入恐慌而導致群體的暴動行為。

遇到地震或事故時，最可怕的是群體恐慌現象。因不安或害怕產生混亂，所以無法正常判斷，很有可能導致死傷人數增加。

不特定的多數團體形成特有的群衆心理，此為「**團體心理**」。形成團體時，群衆匿名性的作用也助長了倫理觀及道德心的鬆動，一心只想幫忙貢獻己力，一意孤行進而讓旁人也深受感染，於是當成「暴徒」污名化的群衆，更加速擴大混亂狀況。

美國心理學家布朗（R. W. Brown）將此暴徒分為以下四種，**想逃離災害的「脫逃型暴徒」、做出恐攻或暴力行為的「攻擊型暴徒」、為獲得利益而行動的「利益型暴徒」，以及傳達相同意見或吐露情感等行為的「表現型暴徒」**。

更進一步，因為傳說或流言（第246頁）而無法傳遞正確訊息時，恐慌將會日益擴散。

例如：1973年豐川信用金庫事件，是有位決定到該金庫就職的女高中生，從朋友那聽到「很危險」會有強盜闖入的玩笑開始，逐漸發展成經營岌岌可危的謠言，像是「破產」、「理事長自殺」等二手流言盛傳，導致約5千人趕至現場擠兌，造成極大的騷動。

而且，同年因石油危機導致物資不足的謠言，通產大臣（現經濟產業大臣）呼籲節約使用衛生紙，卻反而造成衛生紙會越來越少的流言四散，引起民衆大批購買囤貨，加上媒體廣泛報導，恐慌情況遍及全國，使得衛生紙大缺貨。

恐慌情緒的傳染——群體恐慌

曖昧不明的訊息傳播造成不安的時候，一點點騷動就會引爆，而想幫忙的心，讓人所採取的言語行動接二連三地感染給其他人。

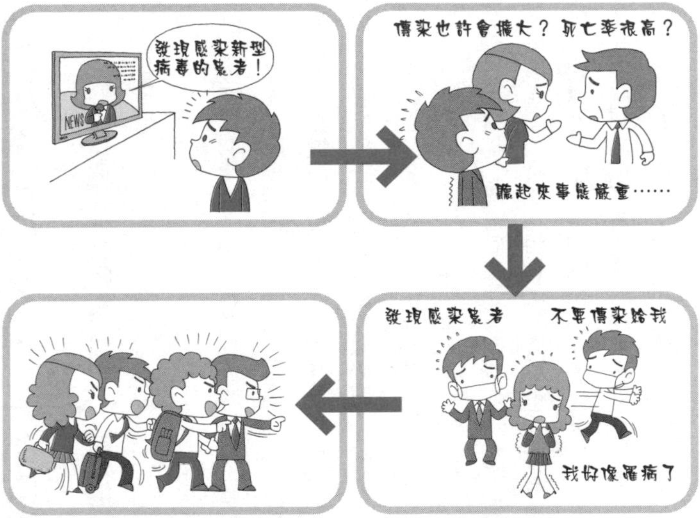

群體恐慌的案例

當社會大多數人面臨緊急事件或社會不安等情況時，群體會採取無秩序的行動，也就是產生群體恐慌。若是沒有能妥善控制恐慌狀態的領袖人物，事態會變得更加嚴重，而極有可能發生暴動。

金融恐慌

雷曼兄弟事件發生後，至今都還不能確實脫離其影響。經濟大國發生通膨時，會產生連鎖效應的金融不安擴及全球。為了領出存款，人們聚集在銀行而引發群體恐慌。

衛生紙騷動

1973 年石油危機，擔心物資會不足的人們囤積衛生紙所引發的購買騷動。因為當時通產大臣（ 現經濟產業大臣 ）呼籲「節約用紙」，反而產生衛生紙會越來越少的流言。

沉迷於多層次傳銷的心理

很多人沉迷於多層次傳銷或網路買賣。一開始抱持懷疑的心態，一旦被說服就完全變成信徒，還會拉上親朋好友一起加入，為什麼呢？

很多人非常容易沉迷於多層次傳銷或網路買賣，這些人的特徵是**被暗示性**相當高。所謂被暗示性是指，**容易接受暗示、傾向依賴他人，在權威主義的影響下崇拜名牌及高學歷等，雖然也有著積極的上進心，但一般來說個性較為被動，因此能共同討論的朋友很少，令人意外地，自尊心極低**。

例如，很多人看見電視或雜誌的廣告就會想買該商品吧？或是某位明星也有該產品、某知名學者也推薦該產品等，這些都是利用人對權威深信不疑的弱點。

有些人則有認為任何產品都非常適合自己的傾向。例如利昂・費斯廷格（Leon Festinger）的**認知失調理論**（第134頁）中，「也許生意失敗」與「生意失敗，與我無關」的矛盾認知產生不協調，為消解不協調而認為**「生意成功，是我的關係」**。

同樣地，深信「自己認為好的東西，別人也應該會買」的信念；更進一步，**「已經花了那麼長的時間聆聽說明，就買來試試看吧！」**以**「認知的一貫性原理」來決定一切**。

另一方面，銷售人員也是很專業，則利用**「善意的回應」**（第110頁），或訴求你是萬中選一的**「稀有性」**，利用各式各樣的方法進行說服工作。

什麼樣的人容易陷入多層次傳銷？

容易接受多層次傳銷暗示（被暗示性高）的人，具有以下特徵：

1 傾向依賴他人，
常採取被動的行為

2 崇尚名牌，無法抵擋名人
或權威主義

3 並不滿足於現狀，
積極奮發向上

4 缺乏自信，自尊心較低

容易與不容易受騙的人之差異

容易受騙的人

- 容易接受暗示
- 會因適合自己而接受訊息
- 不相信他人，所以沒有可以討論的對象

不容易受騙的人

- 有自己堅持的價值
- 能夠清楚明白地拒絕不需要的事物
- 認為有比錢或物品更重要的東西

自我防衛知識

詐騙受害者的心理

電話詐騙的受害者會一直出現。很多高齡者認為只有自己一人沒有關係，詐騙正好利用這個弱點，設計了巧妙的心理陷阱。

不只是金融機構，包括警方或媒體們也不斷宣導，提醒民衆要提高警覺、避免受騙，但受到詐騙的民衆仍有增無減。原因是詐騙利用人的心理，巧妙設下陷阱。

原本大多是高齡者受騙，多數人都認為「自己不會被騙，不會因為陌生電話就匯款，不可能有這種事，會被騙的人應該也不太正常。」但是，突然聽到家人或親朋好友遭遇事故意外或搶劫、遺失皮包或公司公款等不可思議、難以置信的事時，任誰都有可能慌張而腦中一片空白。簡單來說，**當極度不安或精神壓力大時，人會變得無法正常理智地思考。**

詐騙集團利用扮演警察、律師、公司負責人等權威性人物，藉由受害者這時想消解不安或精神壓力，而求助並依賴這些權威人物的心理。更進一步，一開始故意提出一個不可能接受的金額，在來回交涉後答應降低金額，即是利用了「**以退為進法**」（第112頁）的技巧。

在慌張混亂時，任何人都不可能冷靜思考判斷。**要防止詐騙最好的方法，就是要讓自己保持冷靜，那麼一定要找人討論。**犯罪者為了不讓對方有此機會，會利用各種方法阻攔。所以**掛斷電話，立刻聯絡能信賴的人或警察吧！**

詐騙的手法和受害者的心理

詐騙的手法	受害者的心理
說些意想不到的事情，動搖對方心理	抱持「萬一是真的」的不安感
假借警察或律師等具權威性的職稱頭銜	「警察所說的話應該可信」，因信賴權威者而停止深思
強調無論如何都有此可能	「自己或家人的失誤」更不安
「若不採取行動的話，後果會更嚴重，會盡全力協助幫忙」等有企圖的親切話語	「不想讓別人知道自己或家人丟臉的事，請求幫忙吧」而產生信賴感
「僅支付這樣的金額應該可以交涉看看」，提出具體的金額數字	提出「如果用錢可以解決的話」
「如果不快點決定的話就無法解決」的催促下決定。	接受「能儘早解決」的條件
「好，我用此金額去談判看看」，降低匯款金額	「我能支付的範圍」讓人安心
「請立刻匯款」並告知匯款方法	「趕快匯款就能儘早解決」，於是慌忙匯款

容易受騙的人

- 無法處理緊急事件，容易動搖產生混亂
- 不會懷疑別人、不擅長理性思考
- 害怕權威人物
- 非常在意外在或世俗看法，凡事想圓滿收場

主要参考文献

植木理恵著 『ビジュアル図解　心理学』 中経出版　2013 年

植木理恵著 『フシギなくらい見えてくる！　本当にわかる心理学』 日本実業出版社　2010 年

植木理恵著 『シロクマのことだけは考えるな！　人生が急にオモシロくなる心理術』 新潮社　2011 年

植木理恵監修 『植木理恵のすぐに使える行動心理学』 宝島社　2012 年

植木理恵著 『厳選コレクション　30 分でマスター！行動心理学レッスン』 宝島社　2013 年

植木理恵著 『男ゴコロ・女ゴコロの謎を解く！恋愛心理学』 青春出版社　2011 年

無藤隆ほか著 『心理学 New Liberal Arts Selection』 有斐閣　2004 年

詫摩武俊編 『心理学　改訂版』 新曜社　1990

金城辰夫監修　藤岡新治・山下精次共編 『図説　現代心理学入門　三訂版』 培風館 2006 年

梅本尭夫・大山正監修編著 『心理学への招待　こころの科学を知る』 サイエンス社　1992 年

渋谷昌三著 『面白いほどよくわかる！心理学の本』 西東社　2009 年

渋谷昌三ほか著 『手に取るように心理学がわかる本』 かんき出版　1999 年

齊藤勇著 『今日から使える行動心理学』 ナツメ社　2015 年

齊藤勇監修 『面白いほどよくわかる！職場の心理学』 西東社　2013 年

齋藤勇編 『図説 心理学入門　第２版』 誠信書房　2005 年

菅野泰蔵監修 『自分がわかる！相手がわかる！使える！心理学』 洋泉社　2008 年

松田英子著 『図解 心理学が見る見るわかる 「心」の働きを確かめるための 78 項』 サンマーク出版　2003 年

久能徹・松本桂樹監修 『図解雑学　心理学入門』 ナツメ社　2011 年

大村政男著 『図解雑学　心理学』 ナツメ社　2006 年

サトウタツヤ・渡邊芳之著 『心理学・入門　心理学はこんなに面白い』 有斐閣アルマ　2011 年

青木紀久代ほか編著 『カラー版徹底図解 心理学―生活と社会に役立つ心理学の知識』 新星出版社　2008 年

林洋一監修 『史上最強　図解よくわかる発達心理学』 ナツメ社 2010 年

ゆうきゆう監修 『「なるほど！」とわかる　マンガはじめての心理学』 西東社　2015 年

大井晴策監修 『史上最強カラー図解 プロが教える心理学のすべてがわかる本』 ナツメ社　2012 年

NOTE

最全方位實用書籍

《圖解魅力學
人際吸引法則》

好人緣不是天生，善用技巧，就能成為魅力高手！

從系統一（感性）與系統二（理性）觀點出發，瞭解大腦思考模式和行為心理學，不只可以運用在人際關係，市場行銷上更是隨處可見，運用這些行銷手法，就能建立自我品牌形象，成功推銷自己、打造好人緣！

《圖解小文具大科學
辦公室的高科技》

給追求知識與品味生活的文具迷，一本不可不知的文具科學圖解書。

文具產業可說是科學技術發展的博物館，集結了現代科學如數學、化學、光學等技術之精華，本書挑選常用的代表性文具，解析其發展歷程與科學秘密，透過本書上一堂令人驚嘆的文具科學課！

《圖解人體解密
預防醫學解剖書》

瞭解人體的奧妙，自己的身體自己保養。

醫學相關知識在一般人的印象中是難懂的，作者用淺顯易懂的例子搭配圖解，從功能性著手介紹人體組織架構，從最小的細胞到全身的器官、骨骼；從外在皮膚到內部器官運作，藉此掌握養生秘笈。

《圖解二十一世紀資本論
皮凱提觀點完全解說》

皮凱提經濟分析的濃縮精華書！

「二十一世紀資本論」究竟在談論什麼？為什麼能風靡全球？專為那些沒時間看或看不懂的讀者，統整 5 個章節、80 項主題，從讀者最常遇到的問題點切入，配合圖解、深入淺出地解說皮凱提的經濟觀點。

最輕鬆易讀的法律書籍

《圖解數位證據》

讓法律人能輕鬆學習
數位證據的攻防策略

數位證據與電腦鑑識領域一直未獲國内司法機關重視，主因在於法律人普遍不瞭解數位證據，導致實務上欠缺審理之能力。希望藉由本書能讓法律人迅速瞭解數位證據問題的癥結所在，以利法庭攻防。

《資訊法律達人》

上傳影音合法嗎？盜版軟體該不該用？
詐騙資訊怎分辨？木馬程式如何防範？

現代人的工作與生活，已經離不開電腦以及網路，你可知道由連上網路、瀏覽網頁、撰寫部落格、到下載及分享 MP3，可能觸犯了多少法律規範及危機？本書深入淺出地告訴你該如何預防及事後處理。

《圖解不動產買賣》

買房子一定要知道的 100 則基本常識！

法律達人說：這是一本讓你一看就懂的工具書

大多數的購屋者都是第一次，可是卻因為資訊的不透明，房地產業者拖延了許多重要法律的制定，導致購屋者成為待宰羔羊。作者希望本書能讓購屋者照著書中的提示，在購屋過程中瞭解自己在法律架構下應有的權利。

最深入淺出的國考用書

《圖解民法》

民法千百條難記易混淆
分類圖解後馬上全記牢

本書以考試實務為出發點，由時間的安排、準備，到民法的體系與記憶技巧。並輔以淺顯易懂的解說與一看就懂的圖解，再加上耳熟能詳的實例解說，讓你一次看懂法條間的細微差異。

《圖解刑法》

誰說刑法難讀不易瞭解？
圖解刑法讓你一看就懂！

本書以圖像式的閱讀，有趣的經典實際案例，配合輕鬆易懂的解說，以及近年來的國家考試題目，讓讀者可將刑法的基本觀念印入腦海中。還可以強化個人學習的效率，抓準出題的方向。

《圖解刑事訴訟法》

刑事訴訟法程序易混淆
圖解案例讓你一次就懂

競爭激烈的國家考試，每一分都很重要，不但要拼運氣，更要拼實力。如果你是刑事訴訟法的入門學習者，本書的圖像式記憶，將可有效且快速地提高你的實力，考上的機率也就更高了。

《圖解國文》

典籍一把抓、作文隨手寫
輕鬆掌握國考方向與概念

國文，是一切國家考試的基礎。習慣文言文的用語與用法，對題目迎刃而解的機率會提高很多，本書整理了古文名篇，以插圖方式生動地加深讀者印象，熟讀本書可讓你快速地掌握考試重點。

十力文化《國家考試系列》

《圖解法學緒論》

法學緒論難讀易混淆
圖例解析一次就看懂

法學緒論難以拿高分最大的問題在於範圍太廣，憲法、行政法、民法、刑法這四科，就讓人望而生畏、頭暈目眩了。筆者將多年分析的資料整理起來，將歷年菁華考題與解析集結成冊，讓讀者能隨時獲得最新的考題資訊。

《圖解行政法》

行政法體系龐雜包羅萬象
圖解行政法一本融會貫通

本書以考試實務為出發點，以理解行政法的概念為目標。輔以淺顯易懂的解說與一看就懂的圖解，再加上耳熟能詳的實例解說，讓你一次看懂法條間的細微差異。使你實力加分，降低考試運氣的比重，那麼考上的機會就更高了。

《圖解憲法》

憲法理論綿密複雜難懂
圖例解題讓你即學即用

反省傳統教科書與考試用書的缺點，將近年重要的憲法考題彙整，找出考試趨勢，再循著這條趨勢的脈絡，參酌憲法的基本架構，堆疊出最適合學習的憲法大綱，透過網路建置一套完整的資料增補平台，成為全面性的數位學習工具。

植木理惠・Ueki Rie

1975年生。東京大學教育學研究所教育心理學博士。日本文部科學省特別研究員，負責心理學實證的研究。曾以最年輕的獲獎人之姿獲頒日本教育心理學學會的「城戶獎勵賞」、「優秀論文獎」，現為慶應義塾大學理工學部講師、都內綜合醫院心理諮商師。
著作有《大腦冷靜說謊 －「謊言」與「誤解」的心理學入門》、《視覺圖解心理學》、《徹底看透人心的心理學》等書。

國家圖書館出版品預行編目(CIP)資料

圖解 開運心理學--職場、愛情小撇步
植木理惠 著
孫曉君、林倩伃 譯
第一版 台北市：十力文化，2018.02
ISBN 978-986-95919-1-1（平裝）
1. 心理學
170　　106024127

圖解 開運心理學 職場、愛情小撇步
図解 使える心理学

作　　者　植木理惠

責任編輯　吳玉雯
翻　　譯　孫曉君、林倩伃
封面設計　陳綺男
內頁掃圖　劉鑫鋒
美術編輯　劉詠軒

出 版 者　十力文化出版有限公司
發 行 人　劉叔宙
公司地址　116 台北市文山區萬隆街 45-2 號
通訊地址　11699 台北郵政 93-357 信箱
電　　話　02-2935-2758
網　　址　www.omnibooks.com.tw
電子郵件　omnibooks.co@gmail.com
統一編號　28164046
劃撥帳號　50073947

I S B N　978-986-95919-1-1
出版日期　2018 年 2 月
版　　次　第一版第一刷
書　　號　D1802
定　　價　320 元

讀　者　回　函

無論你是誰，都感謝你購買本公司的書籍，如果你能再提供一點點資料和建議，我們不但可以做得更好，而且也不會忘記你的寶貴想法喲！

姓名／ **性別／**☐女☐男 **生日／** 年 月 日

聯絡地址／ **連絡電話／**

電子郵件／

職業／☐學生 ☐教師 ☐內勤職員 ☐家庭主婦 ☐家庭主夫
☐在家上班族 ☐企業主管 ☐負責人 ☐服務業 ☐製造業
☐醫療護理 ☐軍警 ☐資訊業 ☐業務銷售 ☐以上皆是
☐以上皆非 ☐請你猜猜看
☐其他：

你為何知道這本書以及它是如何到你手上的？

請先填書名：

☐逛書店看到 ☐廣播有介紹 ☐聽到別人說 ☐書店海報推薦
☐出版社推銷 ☐網路書店有打折 ☐專程去買的 ☐朋友送的 ☐撿到的

你為什麼買這本書？

☐超便宜 ☐贈品很不錯 ☐我是有為青年 ☐我熱愛知識 ☐內容好感人
☐作者我認識 ☐我家就是圖書館 ☐以上皆是 ☐以上皆非
其他好理由：

哪類書籍你買的機率最高？

☐哲學 ☐心理學 ☐語言學 ☐分類學 ☐行為學
☐宗教 ☐法律 ☐人際關係 ☐自我成長 ☐靈修
☐型態學 ☐大眾文學 ☐小眾文學 ☐財務管理 ☐求職
☐計量分析 ☐資訊 ☐流行雜誌 ☐運動 ☐原住民
☐散文 ☐政府公報 ☐名人傳記 ☐奇聞逸事 ☐把哥把妹
☐醫療保健 ☐標本製作 ☐小動物飼養 ☐和賺錢有關 ☐和花錢有關
☐自然生態 ☐地理天文 ☐有圖有文 ☐真人真事
請你自己寫：

根據個人資訊保護法，本公司不會外洩您的個人資料，你可以放心填寫。溝通，是為了讓互動更美好，在出版不景氣的時代，本公司相信唯有將書做得更好，並且真正對讀者有幫助，才是唯一的道路。好書、不僅能增加知識還必需能提高學習效率，讓想法與觀念深植人心。能有耐心看到這一行的您，恭喜，只要您填妥此表並傳真至02-29352758或郵寄至台北郵政93-357號信箱，您將會得到本公司的精美筆記本一冊，請注意！僅限傳真或紙本郵寄方屬有效（因本公司須保留正本資料）但請千萬注意，姓名、電話、地址務必正確，才不會發生郵寄上的問題。還有，郵寄範圍僅限台澎金馬區域，不寄到國外，除非自己付郵資。

順頌　健康美麗又平安

地址：

姓名：

正 貼

郵 票

十力文化出版有限公司　企劃部收

地址：11699 台北郵政 93-357 號信箱

傳真：（02）2935-2758

E-mail：omnibooks.co@gmail.com

十力

文化

十力
文化

十力
文化

十力
文化

十力
文化